?!歴史漫画《れきしまんが》タイムワープシリーズ 通史編《つうしへん》 3

飛鳥時代《あすかじだい》へタイムワープ

マンガ：細雪《ささめゆき》 純《じゅん》／ストーリー：チーム・ガリレオ／監修《かんしゅう》：河合《かわい》 敦《あつし》

はじめに

飛鳥時代《あすかじだい》は、今《いま》から約《やく》1400年前《ねんまえ》に活躍《かつやく》した厩戸皇子《うまやとのおうじ》（聖徳太子《しょうとくたいし》）や蘇我馬《そがのうま》子《こ》という人《ひと》たちによって、天皇中心《てんのうちゅうしん》の国《くに》づくりを目指《めざ》してさまざまな政治改革《せいじかいかく》が行《おこな》われた時代《じだい》です。

この時代《じだい》について、学校《がっこう》の授業《じゅぎょう》では、「冠位十二階《かんいじゅうにかい》」や「十七条《じゅうしちじょう》の憲法《けんぽう》」などの政治改革《せいじかいかく》の取《と》り組《く》みの内容《ないよう》や、中国《ちゅうごく》（当時《とうじ》は隋《ずい》や唐《とう》といいました）の進《すす》んだ政《せい》治《じ》のしくみや文化《ぶんか》を学《まな》ぼうと、大和朝廷《やまとちょうてい》が遣隋使《けんずいし》・遣唐使《けんとうし》を派遣《はけん》したこと、仏教《ぶっきょう》を中心《ちゅうしん》とした飛鳥文化《あすかぶんか》が生《う》まれたことなどを学習《がくしゅう》します。

今回《こんかい》のマンガでは、飛鳥時代《あすかじだい》にタイムワープした現代《げんだい》の子《こ》どもたち3人《にん》が、遣《けん》隋使《ずいし》として派遣《はけん》される小野妹子《おののいもこ》と一緒《いっしょ》に中国《ちゅうごく》の都《みやこ》へ旅《たび》をします。彼《かれ》らは途中《とちゅう》、さまざまな騒動《そうどう》に巻《ま》き込《こ》まれながら、当時《とうじ》の中国《ちゅうごく》と日本《にほん》との関係《かんけい》を学《まな》んでいきます。

日本《にほん》が派遣《はけん》した遣隋使《けんずいし》がどんなものだったのか、彼《かれ》らとともに見《み》てみましょう！

監修者《かんしゅうしゃ》　河合《かわい》　敦《あつし》

今回《こんかい》のタイムワープの舞台《ぶたい》は…？

4万年前《まんねんまえ》
2万年前《まんねんまえ》
1万年前《まんねんまえ》
2000年前《ねんまえ》
1500年前《ねんまえ》
1400年前《ねんまえ》
1300年前《ねんまえ》
1200年前《ねんまえ》
1100年前《ねんまえ》
1000年前《ねんまえ》
900年前《ねんまえ》
800年前《ねんまえ》
700年前《ねんまえ》
600年前《ねんまえ》
500年前《ねんまえ》
400年前《ねんまえ》
300年前《ねんまえ》
200年前《ねんまえ》
100年前《ねんまえ》
50年前《ねんまえ》
先史時代《せんしじだい》
古代《こだい》
中世《ちゅうせい》
近世《きんせい》
近代《きんだい》
現代《げんだい》
ココ!!
旧石器時代《きゅうせっきじだい》
縄文時代《じょうもんじだい》
弥生時代《やよいじだい》
古墳時代《こふんじだい》／
飛鳥時代《あすかじだい》
奈良時代《ならじだい》
平安時代《へいあんじだい》
鎌倉時代《かまくらじだい》
室町時代《むろまちじだい》
安土桃山時代《あづちももやまじだい》
江戸時代《えどじだい》
明治時代《めいじじだい》
大正時代《たいしょうじだい》
昭和時代《しょうわじだい》
平成時代《へいせいじだい》
令和時代《れいわじだい》
日本人《にほんじん》の祖先《そせん》が住《す》み着《つ》く
土器《どき》を作《つく》り始《はじ》める
貝塚《かいづか》が作《つく》られる
米作《こめづく》りが伝《つた》わる
大和朝廷《やまとちょうてい》が生《う》まれる
平城京《へいじょうきょう》が都《みやこ》になる
平安京《へいあんきょう》が都《みやこ》になる
モンゴル（元《げん》）軍《ぐん》
が２度《ど》攻《せ》めてくる
室町幕府《むろまちばくふ》が
開《ひら》かれる
金閣《きんかく》や銀閣《ぎんかく》が
つくられる
江戸幕府《えどばくふ》が
開《ひら》かれる
明治維新《めいじいしん》
大正《たいしょう》デモクラシー
太平洋戦争《たいへいようせんそう》
高度経済成長《こうどけいざいせいちょう》
米作《こめづく》りが広《ひろ》まる
巨大《きょだい》なお墓《はか》（古墳《こふん》）
がつくられる
奈良《なら》の大仏《だいぶつ》がつくられる
華《はな》やかな貴族《きぞく》の時代《じだい》
鎌倉幕府《かまくらばくふ》が開《ひら》かれる
（武士《ぶし》の時代《じだい》の始《はじ》まり）
戦国時代《せんごくじだい》
町人文化《ちょうにんぶんか》が盛《さか》んになる
文明開化《ぶんめいかいか》
現代《げんだい》

もくじ

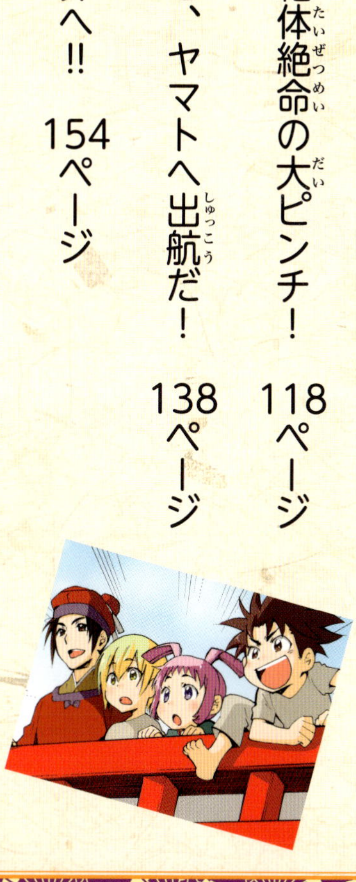

歴史《れきし》なるほどメモ

教《おし》えて！！ 河合先生《かわいせんせい》 飛鳥時代《あすかじだい》 おまけ話《ばなし》

登《とう》場《じょう》人《じん》物《ぶつ》

カイ

元気《げんき》で明《あか》るいのが取《と》りえ。
「冒険《ぼうけん》の旅《たび》に出《で》てみたい！」と
思《おも》っていたら、
ひょんなことから、マリンや
リクと一緒《いっしょ》に飛鳥時代《あすかじだい》に
タイムワープして、
遣隋使《けんずいし》とともに
旅《たび》することに……。

マリン

カイの幼《おさな》なじみ。
カイの子《こ》どもっぽい行動《こうどう》に、
容赦《ようしゃ》なくツッコミを入《い》れる。
ヒップホップダンスが得意《とくい》で、
コンテストで優勝《ゆうしょう》したことも。
音楽《おんがく》を聞《き》くと自然《しぜん》に体《からだ》が
動《うご》いてしまう。

リク

やさしくて動物《どうぶつ》が大好《だいす》き。
ちょっぴり気《き》が弱《よわ》いけど、動物《どうぶつ》が
ピンチの時《とき》には、思《おも》わぬ力《ちから》を発揮《はっき》する。
学校《がっこう》ではもちろん「いきもの係《がかり》」。
意外《いがい》と歴史《れきし》にも詳《くわ》しい。

小野妹子《おののいもこ》

ヤマト（日本《にほん》）から、
大国《たいこく》・隋《ずい》（中国《ちゅうごく》）に派遣《はけん》された遣隋使《けんずいし》の代表《だいひょう》。
厩戸皇子《うまやとのおうじ》から、隋《ずい》の皇帝《こうてい》への国書《こくしょ》を託《たく》される。
あこがれの隋《ずい》の国《くに》で張《は》り切《き》りすぎて、
つい調子《ちょうし》に乗《の》ってしまう。

厩戸皇子《うまやとのおうじ》（聖徳太子《しょうとくたいし》）

ヤマトの優秀《ゆうしゅう》な
政治家《せいじか》で、妹子《いもこ》の上司《じょうし》。
妹子《いもこ》を隋《ずい》に派遣《はけん》する。
ちょっと不思議《ふしぎ》な力《ちから》のある人物《じんぶつ》。

1章《しょう》 飛鳥時代《あすかじだい》にタイムワープ!!

＊1 飛鳥《あすか》＝奈良県明日香村《ならけんあすかむら》

＊2 国書《こくしょ》＝国《くに》のトップの人《ひと》が外国《がいこく》へ送《おく》る、正式《せいしき》な文書《ぶんしょ》

こんな失礼《しつれい》な文面《ぶんめん》ありえないでしょ!!
こんなのを見《み》せたら隋《ずい》の皇帝《こうてい》は間違《まちが》いなく激怒《げきど》ですよ!!
小野妹子《おののいもこ》
皇子《おうじ》はわたしが殺《ころ》されちゃってもいいんですかぁ
ん? どうしたの? おなかすいたの?
わたしは隋《ずい》と国交《こっこう》を結《むす》ぶ＊ために行《い》くのに
こんな国書《こくしょ》を見《み》せたら
戦争《せんそう》になっちゃい……
ぽん
妹子《いもこ》くん
だいじょうぶ
君《きみ》なら必《かなら》ずやりとげられる
それに……

＊国交《こっこう》を結《むす》ぶ＝国《くに》と国《くに》とが友好的《ゆうこうてき》な関係《かんけい》を持《も》つこと

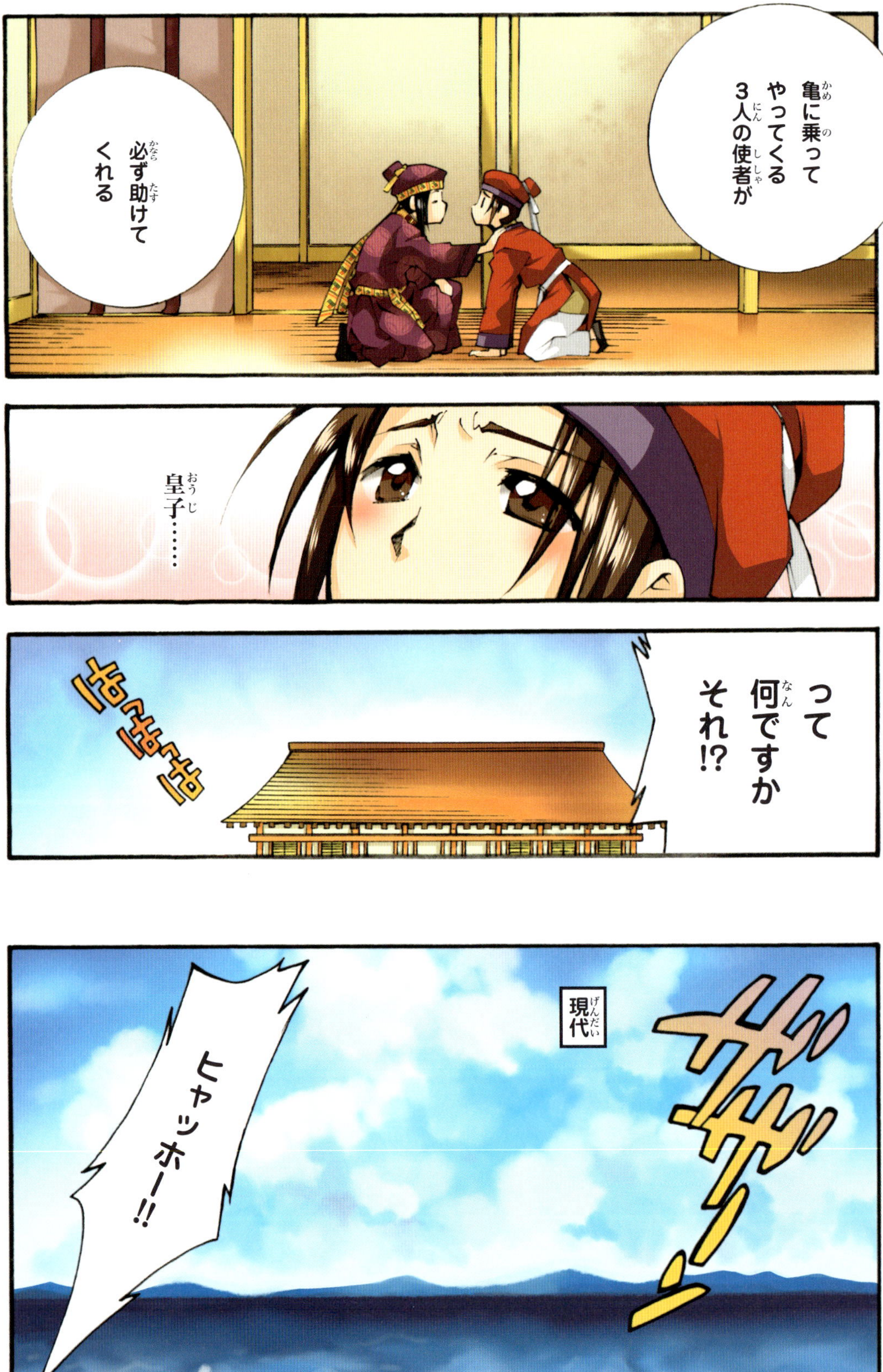
亀《かめ》に乗《の》ってやってくる3人《にん》の使者《ししゃ》が
必《かなら》ず助《たす》けてくれる
皇子《おうじ》……
って何《なん》ですかそれ!?
はっはっは
現代《げんだい》
ザザザー
ヒャッホー!!

ぎゃはは
ばしゃ
ばしゃ
マリン
リク
カイ
ちょっ カイ! レディーにお尻《しり》向《む》けないでよ!!
あなたたち―― もうそろそろ あがってらっしゃい
あーあ 夏休《なつやす》みも 終《お》わりかあ――
カイ 宿題《しゅくだい》終《お》わった?
ヤボなことを 聞《き》くなよ マリン
へ～ん
や――だよ――
遊《あそ》ぶ時《とき》は 徹底的《てっていてき》に 全力《ぜんりょく》で遊《あそ》ぶ!!
それがオレの やり方《かた》!
やって ないのね
くす。
ははははは

おまえらはどーなんだよ!?
くわっ
わたしはギリギリになると力《ちから》が出《で》るタイプなの
ぼくはおじいちゃんの牧場《ぼくじょう》の手伝《てつだ》いでヒマがなかったっていうか……
ははは…
何《なん》だあ……みんなもまだかぁ
ホッ
よかったぁ
よくないよ
あーあ
ゴロッ
夏休《なつやす》みが永遠《えいえん》に続《つづ》けばいいのにな——
は?カイは一生《いっしょう》遊《あそ》んでたいの?
全力《ぜんりょく》にもほどが…
いやそうじゃないぜリク
オレは
冒険《ぼうけん》の旅《たび》に出《で》てみたいんだ!!

そんなの いつもやってる じゃない
裏山《うらやま》行《い》ったり 空《あ》き地《ち》探検《たんけん》したり…
そんな レベルじゃ ねぇ!!
なんかこう 異世界《いせかい》の ピンチを救《すく》う みたいな
あんた 何年生《なんねんせい》?
お!!
タイミングよく 冒険《ぼうけん》できそうな 島《しま》を発見《はっけん》!!
何《なん》か神秘的《しんぴてき》ね
行《い》って みようぜ!!
だから レディーに お尻向《しりむ》けない でってば
ザザ〜ン…

おい!!
マリン
リク
見《み》てみろよ!
前方《ぜんぽう》に
洞窟発見《どうくつはっけん》!!
おげエスペクタクル!!*
この縄《なわ》って
神《かみ》さまのしるしだよね
行《い》こうぜ!!
ぼくはバチがあたるのも
巻《ま》き添《ぞ》えでしかられるのも
ごめんだよ
ぶーっ
*スペクタクル=壮大《そうだい》な光景《こうけい》、舞台《ぶたい》
といいながら
ついてくる
のかよ
だって〜
ん……?
うわあ〜〜
キレー——

水《みず》の色《いろ》が青《あお》いわ
水《みず》が青《あお》く見《み》えるのはどこからか光《ひかり》が入《はい》っているからだよ
この穴《あな》は島《しま》の外《そと》の海《うみ》につながってるんじゃないかな
いーや違《ちが》うな
この穴《あな》は
冒険《ぼうけん》の世界《せかい》につながっているんだ!!
だからぁ
あんたはいったい何年生《なんねんせい》……
ん?
スィーーッ
わあ何《なに》あの亀《かめ》!!
新種《しんしゅ》……?
よし捕《つか》まえてやる

冒険《ぼうけん》がオレを呼《よ》んでるぜー
ぼっ
わたしも行《い》くーー
ドボーン
マ マリンも!?
ぞぞぞ
よし!
捕《つか》まえたぞ
ちょっとふたりとも
ジタ
バタ
亀《かめ》をいじめちゃだめだよぉー
すごい……
こんな模様《もよう》の亀《かめ》見《み》たことないわ
みんなに見《み》せてびっくりさせてやろうぜ

ちょっ……
おとなしくしろよ
こやつら
ピキ
ピキ
神《かみ》の亀《かめ》であるこのわたしになんという無礼《ぶれい》を
許《ゆる》せん!!
ピキピキ
思《おも》い知《し》るがいい!!

オオォ…

ザザーーーン‥
ズズ‥
ドゴッ
ぐはあ

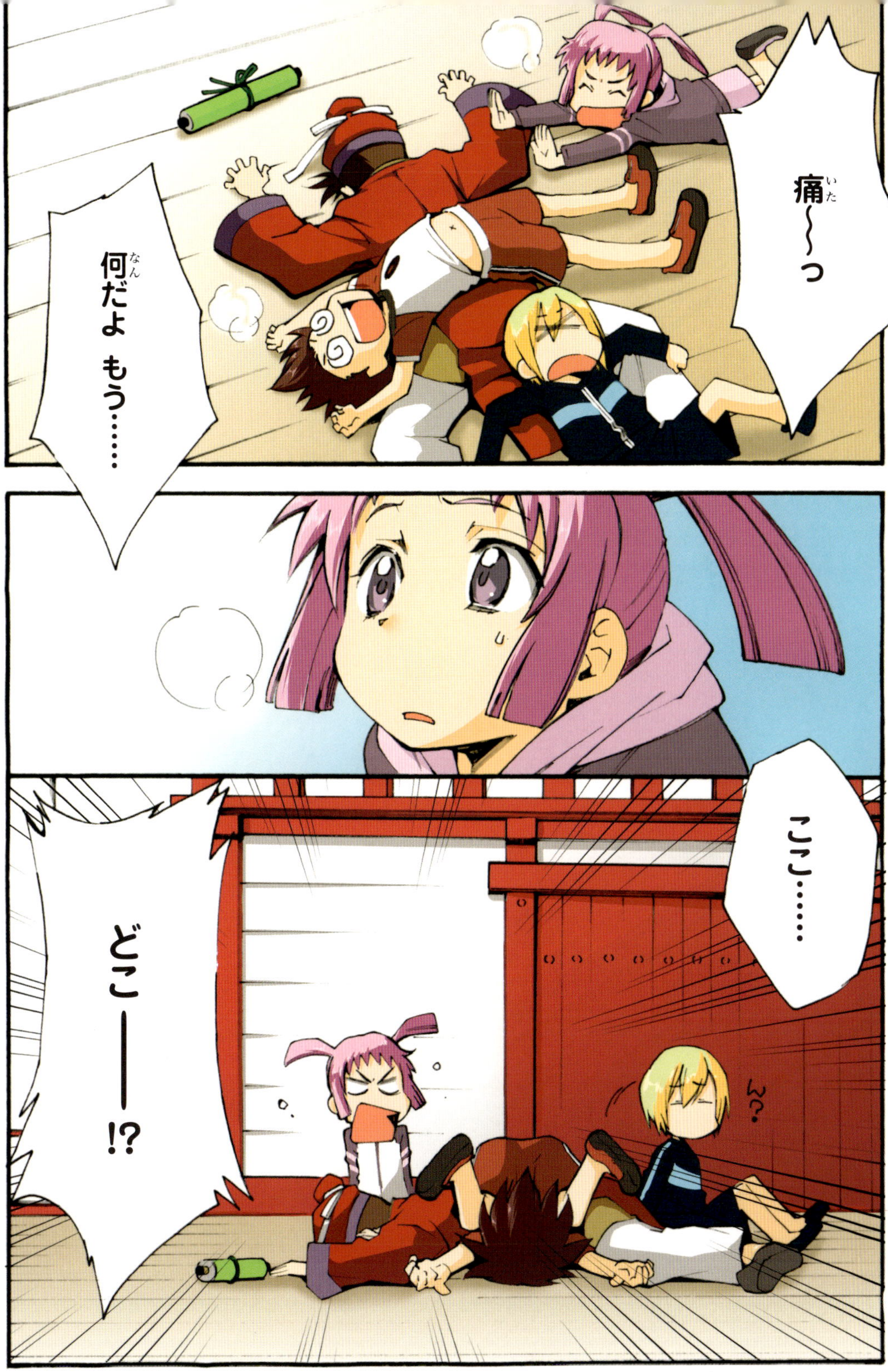
痛《いた》〜〜っ
何《なん》だよ もう……
こここ……
どこ――――!?
ん?

飛鳥時代《あすかじだい》ってどんな時代《じだい》？

① ようやく国《くに》ができあがった！

飛鳥時代《あすかじだい》は、今《いま》から約《やく》1400~1300年前《ねんまえ》（592~710年《ねん》）、主《おも》に奈良県《ならけん》の飛鳥地方《あすかちほう》に都《みやこ》があった時代《じだい》を指《さ》します。

その頃《ころ》の日本《にほん》は、国《くに》の名前《なまえ》を「ヤマト」*1と名乗《なの》っていました。まだ国《くに》の形《かたち》がしっかり決《き》まっていなかったため、権力争《けんりょくあらそ》いが絶《た》えず、有力豪族同士《ゆうりょくごうぞくどうし》の争《あらそ》いで大《おお》きな戦《いくさ》が起《お》こったり、天皇《てんのう》が暗殺《あんさつ》される事件《じけん》が起《お》こったりと、なかなか国《くに》は安定《あんてい》しませんでした。

そんななかで即位《そくい》したのが、日本初《にほんはつ》の女性天皇《じょせいてんのう》・推古天皇《すいこてんのう》です。そして、推古天皇《すいこてんのう》の政治《せいじ》を助《たす》けたのが、推古天皇《すいこてんのう》のおいの厩戸皇子《うまやとのおうじ》（聖徳太子《しょうとくたいし》）でした。厩戸皇子《うまやとのおうじ》らは有力豪族《ゆうりょくごうぞく》の蘇我馬子《そがのうまこ》と協力《きょうりょく》し、中国《ちゅうごく》をお手本《てほん》にして、次々《つぎつぎ》と国《くに》のしくみを整《ととの》えていきました。

*1 教科書《きょうかしょ》では、「大和朝廷《やまとちょうてい》」「大和政権《やまとせいけん》」などの名前《なまえ》で習《なら》う

滋賀県《しがけん》
京都府《きょうとふ》
斑鳩《いかるが》
大阪府《おおさかふ》
飛鳥《あすか》
奈良県《ならけん》
和歌山県《わかやまけん》
0km
30

飛鳥《あすか》は奈良県中央部《ならけんちゅうおうぶ》にある。厩戸皇子《うまやとのおうじ》は、そこから北西《ほくせい》に約《やく》20km離《はな》れた斑鳩《いかるが》に宮殿《きゅうでん》をつくって住《す》んだ

飛鳥時代《あすかじだい》のキーパーソン 1

優秀《ゆうしゅう》な「ヤマト」の政治家《せいじか》

厩戸皇子《うまやとのおうじ》（聖徳太子《しょうとくたいし》）

★生没年《せいぼつねん》 574～622年《ねん》

『日本書紀《にほんしょき》』によると、593年《ねん》に推古天皇《すいこてんのう》の「*2摂政《せっしょう》」となり、有力豪族《ゆうりょくごうぞく》の蘇我馬子《そがのうまこ》とともに、国《くに》のしくみを整《ととの》えたと伝《つた》えられる。

*2 摂政《せっしょう》＝天皇《てんのう》が病気《びょうき》だったり幼《おさな》かったりして、十分《じゅうぶん》に国《くに》を治《おさ》めることができない時《とき》、天皇《てんのう》に代《か》わって政治《せいじ》をおこなう役職《やくしょく》

中国《ちゅうごく》は 当時《とうじ》
世界一《せかいいち》の先進国《せんしんこく》
だったんだよ

② 大陸《たいりく》のハイテク技術《ぎじゅつ》が日本《にほん》を変《か》えた

*538年《ねん》、日本《にほん》に百済《くだら》（朝鮮《ちょうせん》）から仏教《ぶっきょう》が伝《つた》わりました。そして、仏教《ぶっきょう》とともに、当時《とうじ》の先進国《せんしんこく》であった中国《ちゅうごく》や朝鮮半島《ちょうせんはんとう》の文化《ぶんか》が日本《にほん》に流入《りゅうにゅう》したのです。たとえば、仏教寺院《ぶっきょうじいん》を建《た》てるための建築技術《けんちくぎじゅつ》や、当時《とうじ》お坊《ぼう》さんが担当《たんとう》していた医学《いがく》や天文学《てんもんがく》など、さまざまな分野《ぶんや》に及《およ》びました。

これらの新《あたら》しい技術《ぎじゅつ》を伝《つた》えたのは、主《おも》に大陸《たいりく》から日《に》本《ほん》に移《うつ》り住《す》んできた人《ひと》たちです。彼《かれ》らのことを、「渡《と》来人《らいじん》」と呼《よ》んでいます。

*552年《ねん》という説《せつ》もある

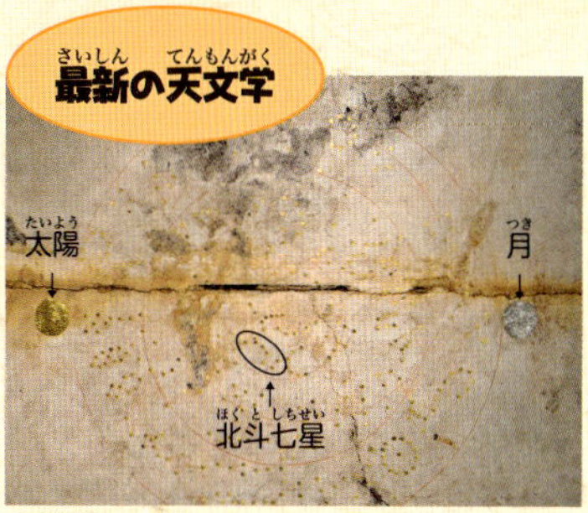
最新《さいしん》の天文学《てんもんがく》
太陽《たいよう》
月《つき》
北斗七星《ほくとしちせい》

天文学《てんもんがく》は、暦《こよみ》をつくるために欠《か》かせない。飛鳥時代《あすかじだい》のものとされる「キトラ古墳《こふん》」の天井《てんじょう》には、太陽《たいよう》や月《つき》、星座《せいざ》が表現《ひょうげん》された精密《せいみつ》な天文図《てんもんず》が描《えが》かれている（写真《しゃしん》は復元模型《ふくげんもけい》）

写真：朝日新聞社

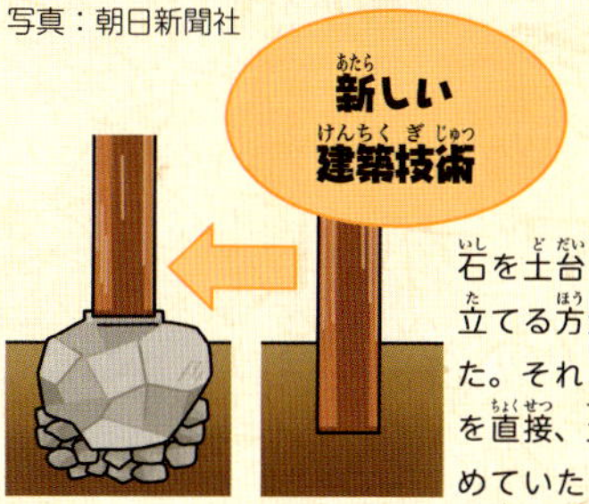
新《あたら》しい建築技術《けんちくぎじゅつ》

石《いし》を土台《どだい》にして柱《はしら》を立《た》てる方法《ほうほう》が伝《つた》わった。それまでは、柱《はしら》を直接《ちょくせつ》、土《つち》の中《なか》に埋《う》めていたので、時間《じかん》が経《た》つと柱《はしら》が腐《くさ》ってしまった

じょうぶな土器《どき》・須恵器《すえき》

1千《せん》℃以上《いじょう》の高温《こうおん》で焼《や》きしめる須恵器《すえき》という土器《どき》は、それまでの土器《どき》に比《くら》べて、硬《かた》くてじょうぶ、水《みず》もれもナシ！（写真《しゃしん》は古《こ》墳時代《ふんじだい》のもの）

写真：朝日新聞社

この服《ふく》も飛鳥時代《あすかじだい》の最新《さいしん》ファッションよ！
ジャン

大陸風《たいりくふう》ファッション

近つ飛鳥博物館蔵　風俗博物館蔵

古代《こだい》の男性《だんせい》は、髪《かみ》を２つに分《わ》けて耳《みみ》のあたりで結《ゆ》う「みずら」という髪《かみ》形《がた》をしていた（右《みぎ》）。飛鳥時代《あすかじだい》に役人《やくにん》たちの服《ふく》は中国風《ちゅうごくふう》にあらためられ、冠《かんむり》をかぶるようになった（左《ひだり》）

2章《しょう》
なぞの船《ふね》に
乗《の》っちゃった！

何《なん》か変《へん》な船《ふね》だなー
何《なに》かの観光船《かんこうせん》かな?
いたた
いったい何《なに》が
うわーっ
子《こ》どもがいるーっ!!
?
ききき 君《きみ》たちだれ?
どこから来《き》たの!?
ねぇおじさん
おじさ……
オレたちがいた海岸《かいがん》まで連《つ》れてってほしいんだけど
海岸《かいがん》って
ここは海《うみ》のど真《ま》ん中《なか》だよ
えーーっ!?

この船《ふね》って何《なん》の船《ふね》なんですか？ マグロ漁船《ぎょせん》ですか？
マグロ？
遣隋使船《けんずいしせん》だよ
わたしは遣隋使《けんずいし》の小野妹子《おののいもこ》だ
お……
小野妹子《おののいもこ》!?
ぶ──っ
イモコだって変《へん》な名前《なまえ》──
ゲラゲラ
し失礼《しつれい》な！
仮《かり》にもわたしは遣隋使《けんずいし》の代表《だいひょう》
ヤマトを立派《りっぱ》な国《くに》にするため重大《じゅうだい》な使命《しめい》を帯《お》びて大国《たいこく》・隋《ずい》へ向《む》かっているのだ
そう!!
ビシィ
そもそも我《わ》がヤマトの国《くに》は大陸《たいりく》との交流《こうりゅう》が途絶《とだ》えてはや100年《ねん》あまり……
それを我《わ》が上司《じょうし》厩戸皇子《うまやとのおうじ》が
おおっ
何《なん》か妹子《いもこ》さんカッコイイ！

え……？
世界平和《せかいへいわ》を守《まも》る人《ひと》みたいだ!!
よくわからないけど！
そ……そうかな
——まあ
事情《じじょう》はわからないが海《うみ》の真《ま》ん中《なか》で放《ほう》り出《だ》すわけにもいくまい
は…はぁ……
皆《みな》隋《ずい》に着《つ》くまでこの子《こ》たちも船《ふね》の一員《いちいん》として過《す》ごすので船《ふね》のことを教《おし》えてやってください
えたいの知《し》れない子《こ》どもを仲間《なかま》にするなんて
妹子《いもこ》さまは人《ひと》がよすぎる
よお
船《ふね》に乗《の》るならオレの言《い》うことを聞《き》いてもらおう
ゴゴゴ

おまえと
おまえ!!
男《おとこ》どもは
こき使《つか》ってやる
えっ?
な なんでよ
船《ふね》の神《かみ》は
「女《おんな》」だ
言《い》い伝《つた》えによると
女《おんな》を乗《の》せると
女神《めがみ》が嫉妬《しっと》して 怒《いか》りで
船《ふね》を沈《しず》めちまうんだよ!!
だが おまえは
この船《ふね》に
乗《の》せられねえ
ええ!?
わたし?
やろうども
捕《つか》まえろ
海《うみ》に放《ほう》り
込《こ》むんだ
ヘイ!
そ……
そんなの
困《こま》るわよ
ぴょん
おのれ
ちょこまか
と――

ごちん★
ナイス
マリン!!
いや ちょっと
本気《ほんき》でこれ
まずいって……
ぎゃっ
ストン
いたたた…
す……すごい
何《なん》て 軽《かる》い
身《み》のこなしだ……

鬼《おに》さんこちら——
くそ——っ
えっ？
え゛——っ

ちょっと!
船《ふね》の先《さき》に岩《いわ》があるじゃない!
このままじゃぶつかる!!
しまった!!
岩場《いわば》に入《はい》り込《こ》んじまった
ぎゃーっ
もうだめだ……
女《おんな》を船《ふね》に乗《の》せたからこんなことに……
そんなこと言《い》ってる場合《ばあい》じゃないでしょ!!
わたしが岩《いわ》を避《さ》ける方向《ほうこう》を教《おし》えるから
船乗《ふなの》りさんは全力《ぜんりょく》でかじをきって!!
おー
左《ひだり》に曲《ま》げてーー!
な……何《なん》だと……?
ザザザ
ザッ

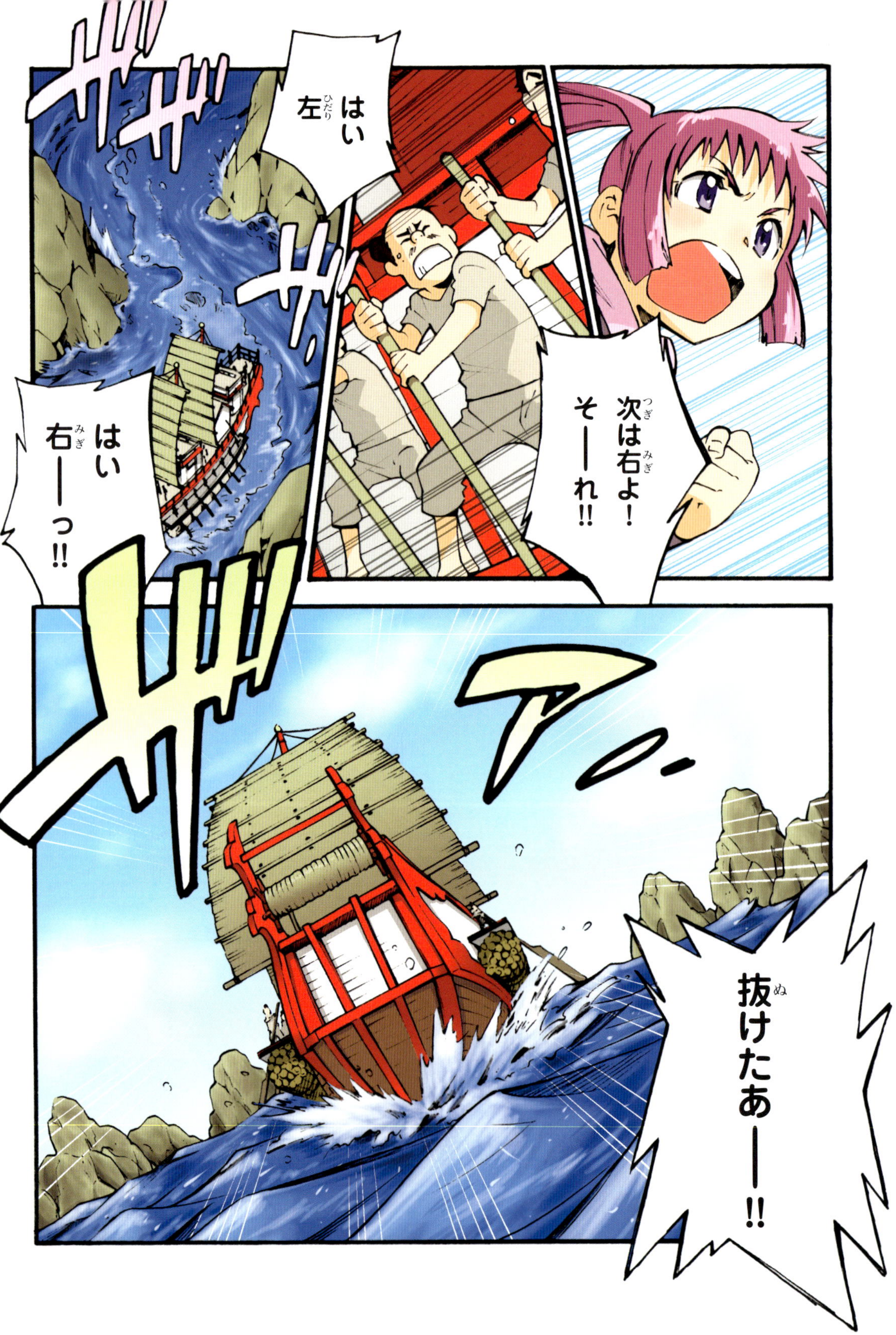
次《つぎ》は右《みぎ》よ！ そーーれ!!
はい 左《ひだり》
ザザザ
ザ
はい 右《みぎ》ーーっ!!
ザザ
アーー
抜《ぬ》けたあーー!!

やったあ!!
すげーぜマリン!!
そんなバカな……
よかったあ…
女神《めがみ》だ!
あの方《かた》は……
この船《ふね》を救《すく》った女神《めがみ》さまだ!!
女神《めがみ》……
おい おまえら!!
はっ
早《はや》くあいつを捕《つか》まえ……

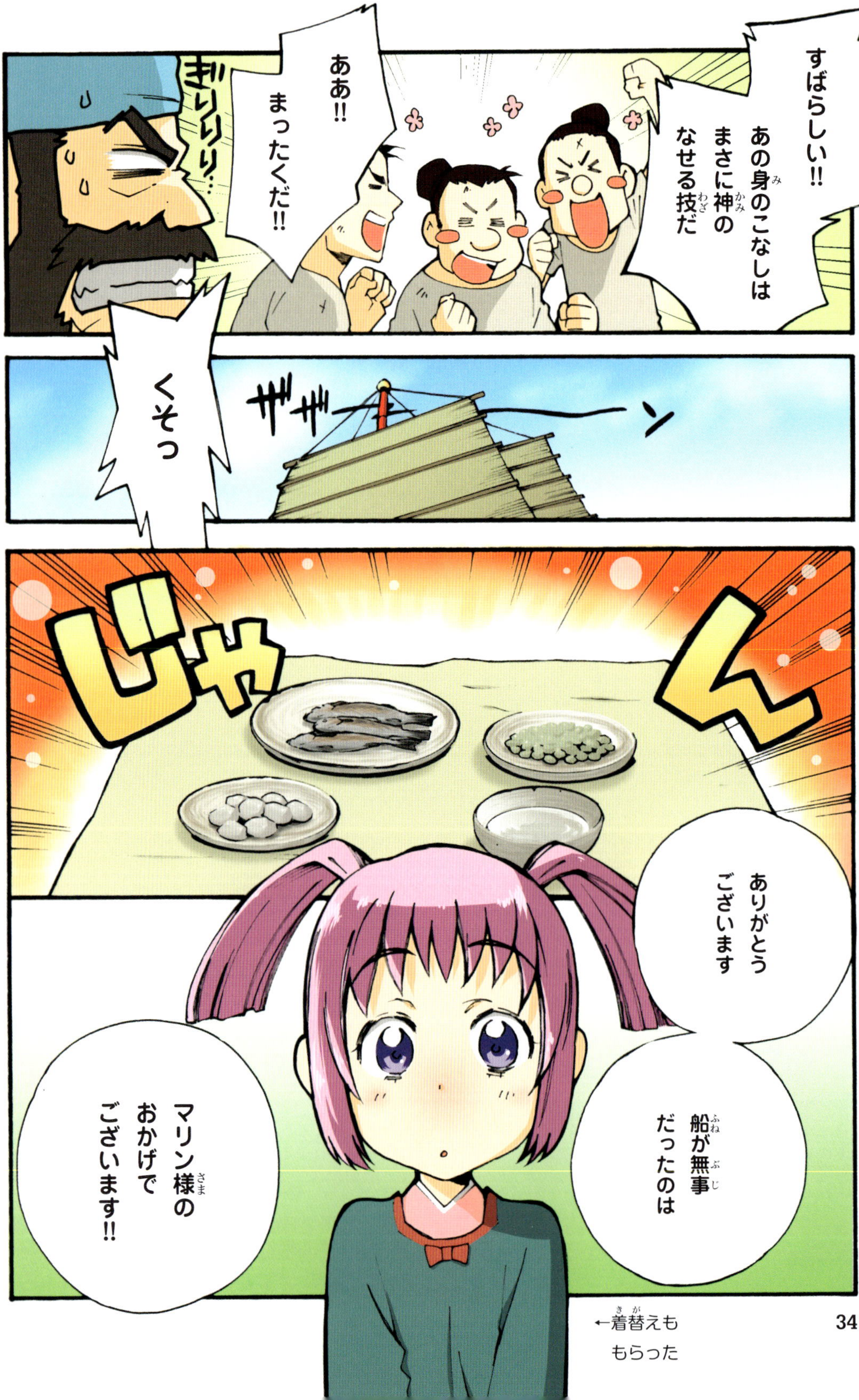
すばらしい!!
あの身《み》のこなしは まさに神《かみ》の なせる技《わざ》だ
ああ!! まったくだ!!
ぎりりり…
ザザーン
くそっ
じゃん
ありがとうございます
船《ふね》が無事《ぶじ》だったのは
マリン様《さま》のおかげでございます!!

←着替《きが》えももらった

どうぞ召《め》し上《あ》がってください
あ……ありがと
いいなあマリン
それに比《くら》べて
オレたちのごはんは……
干《ほ》した米《こめ》に→水《みず》をかけたもの
船《ふね》ではみんなコレだ
ガマンしろ
ず…
ちぇ……
硬《かた》い……
まず…
……
おいしい♡
こちらもどうぞ
まったくしょうがねぇやつらだ
だが……
本当《ほんとう》に女神《めがみ》さまの化身《けしん》だったら
ぞんざいに扱《あつか》うわけにもいくまい
ひとまずようすを見《み》てみるか……

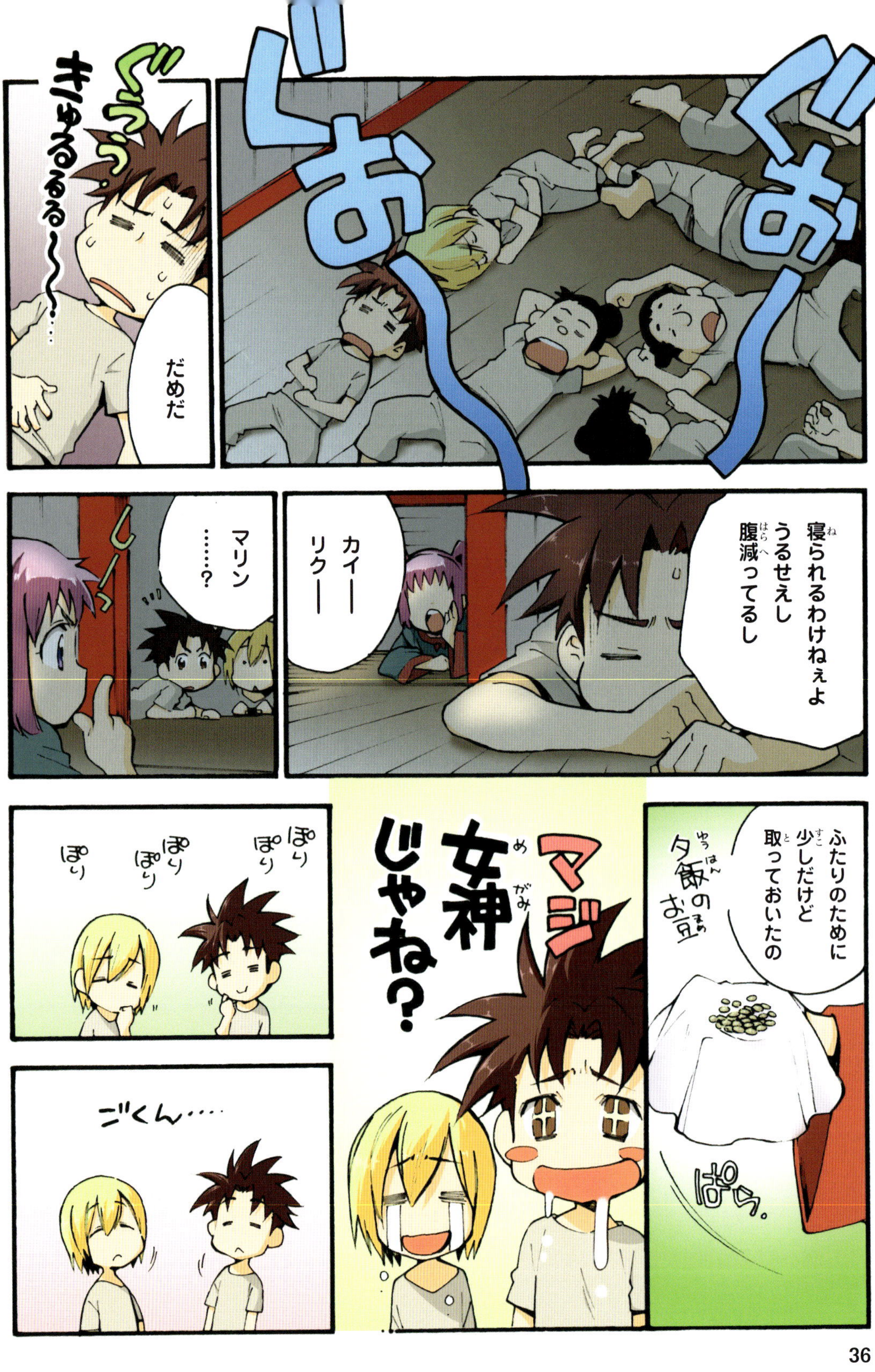
ぐぉ～
ぐぉ～
ぐぅう
きゅるるる～～～……
だめだ
寝《ね》られるわけねぇよ
うるせえし
腹減《はらへ》ってるし
カイー
リクー
しーっ
マリン
……？
ふたりのために
少《すこ》しだけど
取《と》っておいたの
夕飯《ゆうはん》のお豆《まめ》
ぱら。
マジ
女神《めがみ》
じゃね？
ぽり
ぽり
ぽり
ぽり
ぽり
ごくん・・・・

足《た》りるかー!!
あ、やっぱり?
だいたい 食《た》べ盛《ざか》りのオレたちが あんなごはんで足《た》りるはずないんだよ
たべものさがそう
ねぇ みんな
何《なん》だよ おじけづいたのか?
いや あのさ やっぱり この船《ふね》おかしいよ
そういえば…… この船《ふね》何《なん》て言《い》ったっけ?
あの小野妹子《おののいもこ》って人《ひと》が 遣隋使船《けんずいしせん》って言《い》ってた
けんずいしせん?

遣隋使《けんずいし》は大昔《おおむかし》
日本《にほん》が中国《ちゅうごく》に送《おく》った
使《つか》いで
そのころの中国《ちゅうごく》は「隋《ずい》」
日本《にほん》は「ヤマト」という
名前《なまえ》だったんだ
たしか……
1400年《ねん》ぐらい前《まえ》
なんだよ
え……!?
?
ちょっと
それ どーゆーこと?
まさか
わたしたち
タイムワープ
したってこと?
どーしたら
元《もと》の世界《せかい》に戻《もど》れるのよ!?
そ……そんなの
わかるわけ
マジかよ

これは まさしくオレの 求《もと》めていた
大冒険《だいぼうけん》じゃ ねーか!!
リク!! マリン!!
なんとしても 元《もと》の世界《せかい》に 帰《かえ》るぜ!!
よおし その前《まえ》に メシだ!!
腹《はら》が減《へ》っては いくさができねーっ!!
食《た》べ物《もの》を さがせ!
ーーん?
何《なに》か……
いる……?

遣隋使船《けんずいしせん》はこんな船《ふね》

① 海《うみ》を渡《わた》るのは命《いのち》がけ！

推古天皇《すいこてんのう》や厩戸皇子《うまやとのおうじ》らは、607年《ねん》、小野妹子《おののいもこ》らを隋《ずい》（中国《ちゅうごく》）につかわしました。これを、遣隋使《けんずいし》といいます。遣隋使《けんずいし》の主《おも》な目的《もくてき》は、中国《ちゅうごく》と国交《こっこう》を結《むす》び、中国《ちゅうごく》の進《すす》んだ文化《ぶんか》を取《と》り入《い》れることでした。

当時《とうじ》、日本《にほん》と中国《ちゅうごく》との間《あいだ》の航海《こうかい》は命《いのち》がけでした。妹子《いもこ》のあとも、遣隋使《けんずいし》や、隋《ずい》の次《つぎ》にできた唐《とう》へ遣唐使《けんとうし》が送《おく》られましたが、風《かぜ》で流《なが》されたり、嵐《あらし》にあったりで、遭難《そうなん》する船《ふね》も多《おお》かったようです。

帆《ほ》
うすく切《き》った竹《たけ》を編《あ》んでつくった
太鼓《たいこ》をたたいて、櫓《ろ》をこぐときの拍子《ひょうし》をとる
身分《みぶん》の高《たか》い人用《ひとよう》の部屋《へや》
小野妹子《おののいもこ》もここにいたのだろう
船《ふね》の方向転換用《ほうこうてんかんよう》のかじ
櫓《ろ》
食料《しょくりょう》や水《みず》
船《ふね》の中《なか》では、主《おも》に、干《ほ》したご飯《はん》を水《みず》で戻《もど》したものを食《た》べた
行《い》きは中国《ちゅうごく》への贈《おく》り物《もの》として水晶《すいしょう》や真珠《しんじゅ》などの貴重品《きちょうひん》を、帰《かえ》りは本《ほん》や経典《きょうてん》、薬《くすり》などを積《つ》んだ
ここに立《た》って櫓《ろ》をこいだ。トイレもおそらくここ。海《うみ》に向《む》かって用《よう》を足《た》したのだろう

飛鳥時代《あすかじだい》のキーパーソン 2

ヤマトの代表《だいひょう》・遣隋使《けんずいし》

小野妹子《おののいもこ》

★生没年《せいぼつねん》6世紀後半《せいきこうはん》～7世紀前半頃《せいきぜんはんごろ》

遣隋使《けんずいし》に選《えら》ばれた時《とき》は、それほど地位《ちい》の高《たか》い役人《やくにん》ではなかったが、厩戸皇子《うまやとのおうじ》から隋《ずい》の皇帝《こうてい》へ国書《こくしょ》を届《とど》ける大役《たいやく》を任《まか》された。

身分《みぶん》の低《ひく》い役人《やくにん》たちの部屋《へや》
いかり
港《みなと》に停泊《ていはく》するときに下《お》ろす
たくさんの船《ふね》が遭難《そうなん》したんだって
608年《ねん》以降《いこう》は、留学《りゅうがく》するお坊《ぼう》さんも連《つ》れていった

遣隋使船《けんずいしせん》・遣唐使船《けんとうしせん》（想像図《そうぞうず》）
全長約《ぜんちょうやく》30m、幅約《はばやく》9m。当時《とうじ》としては最先端《さいせんたん》の大型船《おおがたせん》。定員《ていいん》は、およそ140人《にん》。そのうちの半数以上《はんすういじょう》が船《ふね》を動《うご》かす船乗《ふなの》りだったと考《かんが》えられている。

イラスト：谷井建三

3章《しょう》
古代《こだい》の超大国《ちょうたいこく》隋《ずい》へ！

ネズミは船《ふね》の大切《たいせつ》な食料《しょくりょう》を食《た》べるから
ネズミがいるなんて知《し》れたら殺《ころ》されちゃうよ
たた。
あは
ぴょん。
ここに隠《かく》れててね
ごはんもわけてあげるねっ♪
おーっ
さすがいきもの係《がかり》!
かくまうなら名前《なまえ》つけようぜ!!
ネズミってバレないように!!
あ!いいねー!!
えーっとじゃあ…
ネズミっぽくないやつで…
今日《きょう》からおまえはチュー太郎《たろう》だ♪
まんまネズミじゃん

あ～あ それにしても
おなか すいたなぁ ～～～
だから
何《なん》とかしてよ 妹子《いもこ》さん
たのむよぉ～ おなかがすいて 力《ちから》が出《で》ないんだ よぉ～
ああ もう…
もうすぐ 隋《ずい》に着《つ》く
そしたら もう少《すこ》し ましなものが 食《た》べられるから……
――というかね そもそも
君《きみ》たちは どうやって この船《ふね》に やってきたんだい？
変《へん》な亀《かめ》に 空《そら》へ吹《ふ》っ飛《と》ばされて 気《き》づいたら ここに いたんだ
は？

ぼくたち
1400年先《ねんさき》の未来《みらい》から来《き》たんです
ははは
そんなバカな〜
——いや待《ま》てよ
前《まえ》にもそんなことが
えっ!?
本当《ほんとう》ですか!?
うん
厩戸皇子《うまやとのおうじ》がある時《とき》——
自分《じぶん》の部屋《へや》にこもったまま出《で》てこなくなったことがあって……
もう7日目《なのかめ》だぞ!
皇子《おうじ》はどうされたのだ?

皇子《おうじ》!!
キィ…
皇子《おうじ》ご無事《ぶじ》ですか!?
――未来《みらい》のヤマトを見《み》てきたんだ……
そこには……
背《せ》の高《たか》い石《いし》の家《いえ》や塔《とう》があって
大《おお》きな鉄《てつ》の鳥《とり》が空《そら》を飛《と》んでいた
道《みち》が何階建《なんかいだ》てにもなっていて
ものすごい速《はや》さで鉄《てつ》の乗《の》り物《もの》が走《はし》っていたんだ

……
……
……
?
なーんてね
あはっ
どてっ
もう!
ふざけないでください 皇子《おうじ》!!
──でもわたしは……
皇子《おうじ》が本当《ほんとう》に未来《みらい》を見《み》てきたんだと思《おも》っている…
皇子《おうじ》は……
そんな不思議《ふしぎ》なところがあるお方《かた》なんだ
妹子《いもこ》さんはその上司《じょうし》が大好《だいす》きなんだね!!
はっ

ごほごほん
あ……ん……
そ……そうだ
元《もと》の世界《せかい》に帰《かえ》りたいなら隋《ずい》の皇帝《こうてい》に会《あ》ってみるといい
マジ!?
皇帝《こうてい》はすごい力《ちから》を持《も》っているというし
時《とき》を超《こ》える術《じゅつ》も知《し》っているかもしれない
隋《ずい》にはすごいグラウンドがあるんだな!!
サッカーしようぜ
カイ……「校庭《こうてい》」じゃなくて「皇帝《こうてい》」！偉《えら》い人《ひと》のことだよ
ん?
この子《こ》たちは亀《かめ》に飛《と》ばされてここに来《き》た?
皇子《おうじ》が何《なに》か亀《かめ》について大事《だいじ》なことを言《い》っていたような……
うーん…
おい!!そっちに行《い》ったぞ!!
ん?
ネズミだ!!
捕《つか》まえろーー!!

あ……
そう いえば…
いつのまに…
ヤバい! 捕《つか》まったら 殺《ころ》される……
いくぞ リク!!
うん
だん!
チュウ!
やっと 捕《つか》まえたぜ
チュー!ッ
チュー
あーっ
いっけ な〜い

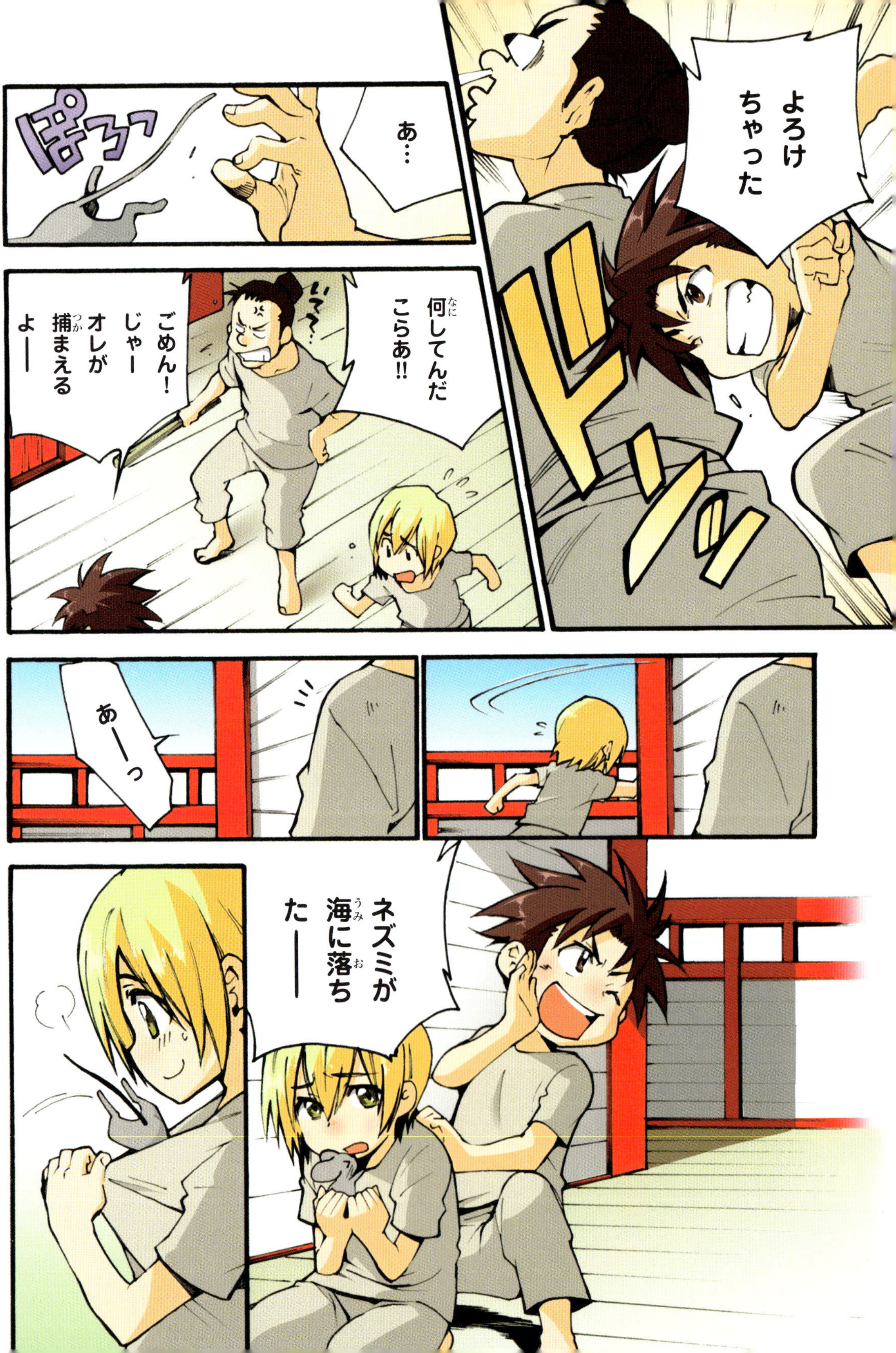
よろけちゃった
ドンッ
ぽろっ
あ…
何《なに》してんだこらあ!!
いてて…
ごめん! じゃーオレが捕《つか》まえるよ——
あ——っ
ネズミが海《うみ》に落《お》ちた——

――ネズ公《こう》も海《うみ》に落《お》ちたとなりゃおだぶつだな
ま……船《ふね》から出《で》てったならいいさ
ありがとうカイ!!
妹子《いもこ》さま……!!
何《なん》だい?
またネズミ?
陸《りく》が見《み》えてきましたー!!
ホント!?

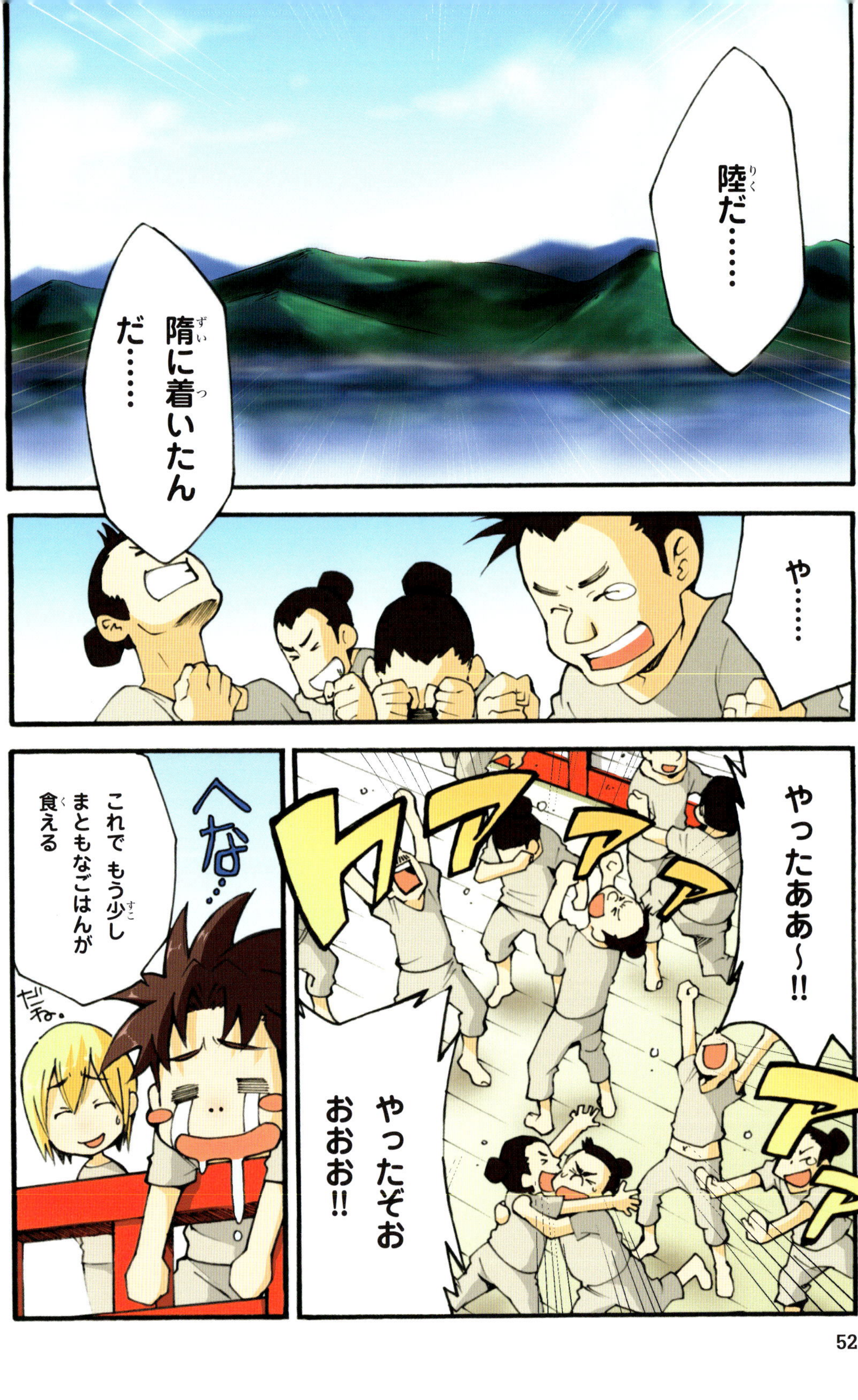
陸《りく》だ……
隋《ずい》に着《つ》いたんだ……
や……
やったあ～!!
ワアアア
アア
やったぞおおおお!!
へな…
これで もう少《すこ》し まともなごはんが 食《く》える
だね。

……
いよいよだな
あれはヤマトの船《ふね》だな
いい えものが来《き》やがったぜ
クックックッ…

仲《なか》がいいの？悪《わる》いの？ 日本《にほん》と中国《ちゅうごく》の関係《かんけい》

① いつから交流《こうりゅう》している？

日本《にほん》は隣《となり》の国《くに》・中国《ちゅうごく》と、いつから交流《こうりゅう》しているのでしょう？ 弥生時代《やよいじだい》より前《まえ》の日本《にほん》には文字《もじ》による記録《きろく》は残《のこ》っていませんが、昔《むかし》のできごとは、中国《ちゅうごく》の歴史書《れきししょ》を見《み》ることでわかります。

中国《ちゅうごく》の歴史書《れきししょ》では、日本《にほん》は「倭《わ》」という名前《なまえ》で呼《よ》ばれています。「倭《わ》」が中国《ちゅうごく》の歴史書《れきししょ》に初《はじ》めて登場《とうじょう》するのは、今《いま》から約《やく》2100年《ねん》も昔《むかし》のことです。それから約《やく》500年《ねん》の間《あいだ》、日本《にほん》の小《ちい》さな国々《くにぐに》は中国《ちゅうごく》の皇帝《こうてい》に服従《ふくじゅう》することを示《しめ》すため、使《つか》いを送《おく》り貢《みつ》ぎ物《もの》を差《さ》し出《だ》す関係《かんけい》を続《つづ》けてきました。日本側《にほんがわ》としては、中国《ちゅうごく》を味方《みかた》につけることで、自分《じぶん》の国《くに》に権威《けんい》を持《も》たせることがねらいでした。しかし、今《いま》から約《やく》1500年前《ねんまえ》を最後《さいご》に、日本《にほん》と中国《ちゅうごく》の国交《こっこう》の記録《きろく》は途絶《とだ》えてしまいます。厩戸皇子《うまやとのおうじ》らが送《おく》った遣隋使《けんずいし》は、およそ100年《ねん》ぶりに中国《ちゅうごく》と国交《こっこう》を結《むす》ぶためのものでした。

中国《ちゅうごく》の歴史書《れきししょ》に登場《とうじょう》する日本《にほん》（遣隋使《けんずいし》まで）

約《やく》2100年前《ねんまえ》（最初《さいしょ》の記録《きろく》）
「倭《わ》は100あまりの国《くに》に分《わ》かれている」「漢書《かんじょ》 地理志《ちりし》」

中国《ちゅうごく》の歴史書《れきししょ》に、初《はじ》めて日本《にほん》が登場《とうじょう》。「楽浪《らくろう》（朝鮮半島北部《ちょうせんはんとうほくぶ》の地域《ちいき》）の海《うみ》の向《む》こうに倭人《わじん》がいる。倭《わ》は、100あまりの国《くに》に分《わ》かれている」とあり、中国《ちゅうごく》に貢《みつ》ぎ物《もの》を持《も》ってきたことも記《しる》されています。

約《やく》2千年前《せんねんまえ》
「倭《わ》の奴国《なこく》の王《おう》、中国《ちゅうごく》の光武帝《こうぶてい》から金印《きんいん》を授《さず》かる」「後漢書《ごかんじょ》 東夷伝《とういでん》」

奴国《なこく》は、九州北部《きゅうしゅうほくぶ》にあった小国《しょうこく》だと考《かんが》えられています。古代中国《こだいちゅうごく》において、「王《おう》」という位《くらい》は、中国《ちゅうごく》に従《したが》う小国《しょうこく》のリーダーという意味《いみ》。「皇帝《こうてい》」は、たくさんの王《おう》を束《たば》ねる頂点《ちょうてん》の位《くらい》です。

中国《ちゅうごく》の皇帝《こうてい》から授《さず》かった金印《きんいん》
「漢委奴国王《かんのわのなのこくおう》」と刻《きざ》まれている　福岡市博物館蔵
画像提供：福岡市博物館／DNPartcom

この時《とき》はまだ
日本《にほん》は1つの国《くに》じゃ
なかったんだね

② 最初《さいしょ》の遣隋使《けんずいし》は大失敗《だいしっぱい》！

小野妹子《おののいもこ》が派遣《はけん》された607年《ねん》の遣隋使《けんずいし》は、じつは2回目《かいめ》のものでした。その前《まえ》の600年《ねん》に、最初《さいしょ》の遣《けん》隋使《ずいし》が派遣《はけん》されていました。

中国《ちゅうごく》の歴史書《れきししょ》によると、最初《さいしょ》の遣隋使《けんずいし》たちは、倭《わ》の政治《せいじ》についてこう語《かた》ったといいます。

「倭王《わおう》は天《てん》を兄《あに》とし、太陽《たいよう》を弟《おとうと》とします。天《てん》が暗《くら》いうちに政治《せいじ》をし、太陽《たいよう》が出《で》ると政治《せいじ》をやめて、あとは弟《おとうと》の太陽《たいよう》に任《まか》せます」

遣隋使《けんずいし》たちは、「倭《わ》の王《おう》は、天《てん》や太陽《たいよう》と同《おな》じくらいすごいんだぞ」と言《い》いたかったのでしょう。

ところが、これが大失敗《だいしっぱい》。隋《ずい》の皇帝《こうてい》は、倭《わ》が非科《ひか》学的《がくてき》なことに驚《おどろ》いて、「あまりに道理《どうり》にかなっていない。改《あらた》めなさい」とあきれてしまったそうです。

文帝《ぶんてい》（中央《ちゅうおう》）
最初《さいしょ》の遣隋使《けんずいし》の時《とき》の皇帝《こうてい》。隋《ずい》の初《しょ》代皇帝《だいこうてい》で、煬帝《ようだい》の父《ちち》
写真：Corbis/VCG via Getty Images

約《やく》1800年前《ねんまえ》
「倭《わ》の女王《じょおう》・卑弥呼《ひみこ》、『親魏倭王《しんぎわおう》』の称号《しょうごう》を受《う》ける」「魏志《ぎし》 倭人伝《わじんでん》」

戦乱《せんらん》が続《つづ》いた倭《わ》をまとめるため、諸国《しょこく》の王《おう》たちが相談《そうだん》して卑弥呼《ひみこ》を王《おう》に選《えら》び、30ほどの小国連合《しょうこくれんごう》が生《う》まれたとあります。また、卑弥呼《ひみこ》が中国《ちゅうごく》に使《つか》いを送《おく》り、「親魏倭王《しんぎわおう》」（魏に従《したが》う倭《わ》の王《おう》）という称号《しょうごう》をもらったことなどが記《しる》されています。

女王《じょおう》・卑弥呼《ひみこ》の想像復元像《そうぞうふくげんぞう》
風俗博物館蔵

約《やく》1600～1500年前《ねんまえ》
「倭《わ》の五王《ごおう》が相次《あいつ》いで中国《ちゅうごく》に贈《おく》り物《もの》を持《も》ってきた」
「宋書《そうじょ》 倭国伝《わこくでん》」

「讃《さん》（贊《さん》）・珍《ちん》（彌《み》）・済《せい》・興《こう》・武《ぶ》」という5人《にん》の倭《わ》の王《おう》が、たびたび中国《ちゅうごく》に使《つか》いを送《おく》ったことが記《しる》されています。この5人《にん》の倭《わ》の王《おう》は、それぞれ実《じつ》在《ざい》の天皇《てんのう》のことを指《さ》すと考《かんが》えられています。

この後《あと》、遣隋使《けんずいし》まで日本《にほん》と中国《ちゅうごく》の関係《かんけい》は途絶《とだ》える……。

船《ふね》でェ
海《うみ》を渡《わた》るのはあ〜〜
命《いのち》がけだぜ
男《おとこ》だぜぇ〜
つかれたあ〜〜

4章《しょう》 いよいよ隋《ずい》に上陸《じょうりく》だ！

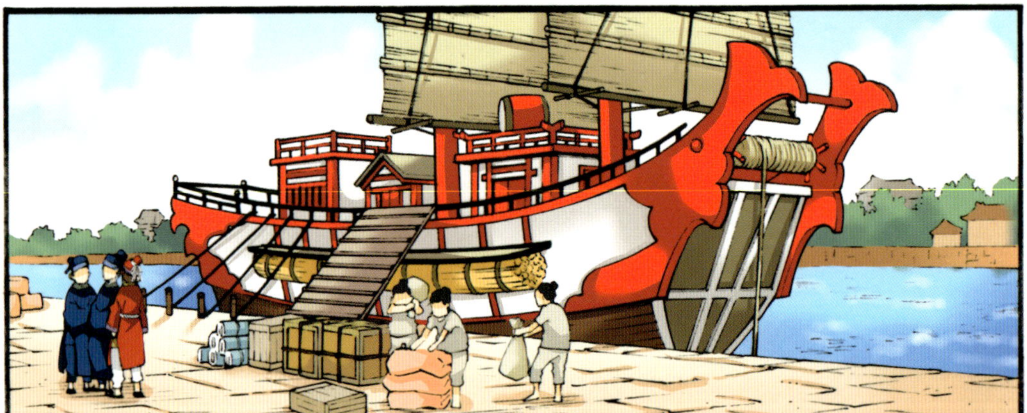

わたしたちはここで船《ふね》をお守《まも》りしております
そして
マリン様《さま》の帰《かえ》りをお待《ま》ちしております!!

あんたたち
いい子《こ》にしてるのよ♪
マリン様《さま》──っ
ヤマトの国《くに》の方々《かたがた》ですか？
お迎《むか》えするよう皇帝《こうてい》から申《もう》しつかっております
これはこれは隋《ずい》の役人《やくにん》の方々《かたがた》ですか？
いやあ〜
わざわざ待《ま》っていてくださったとは感激《かんげき》です
あこがれの隋《ずい》に やっと来《こ》られましたよ

も～ 妹子《いもこ》さん すっかりテンション上《あ》がっちゃってる
当然《とうぜん》だろ!! オレもスゲーワクワクしてる!!
宿《やど》までご案内《あんない》いたします
なんと…!!
ささこちらへ
お食事《しょくじ》の用意《ようい》もいたしておりますので
んっ?
ぴょこっ
チューチューッ
チュー太郎《たろう》……?
何《なん》か……いやな予感《よかん》が……
ね……ねぇ カイ……
聞《き》いたかリク～ 食事《しょくじ》の用意《ようい》だってよぉ～～
ぎょっ!
しかもこれは間違《まちが》いなくオレの好《す》きな中華料理《ちゅうかりょうり》

なぁ
どんなごはんかなぁ
なぁ
いや……まずヨダレをふいて
これじゃ言《い》い出《だ》せそうにないや……
だいじょうぶかなあ……
ははは
やはは
ぐいーっ
っあ～
こりゃうまぁ～い!

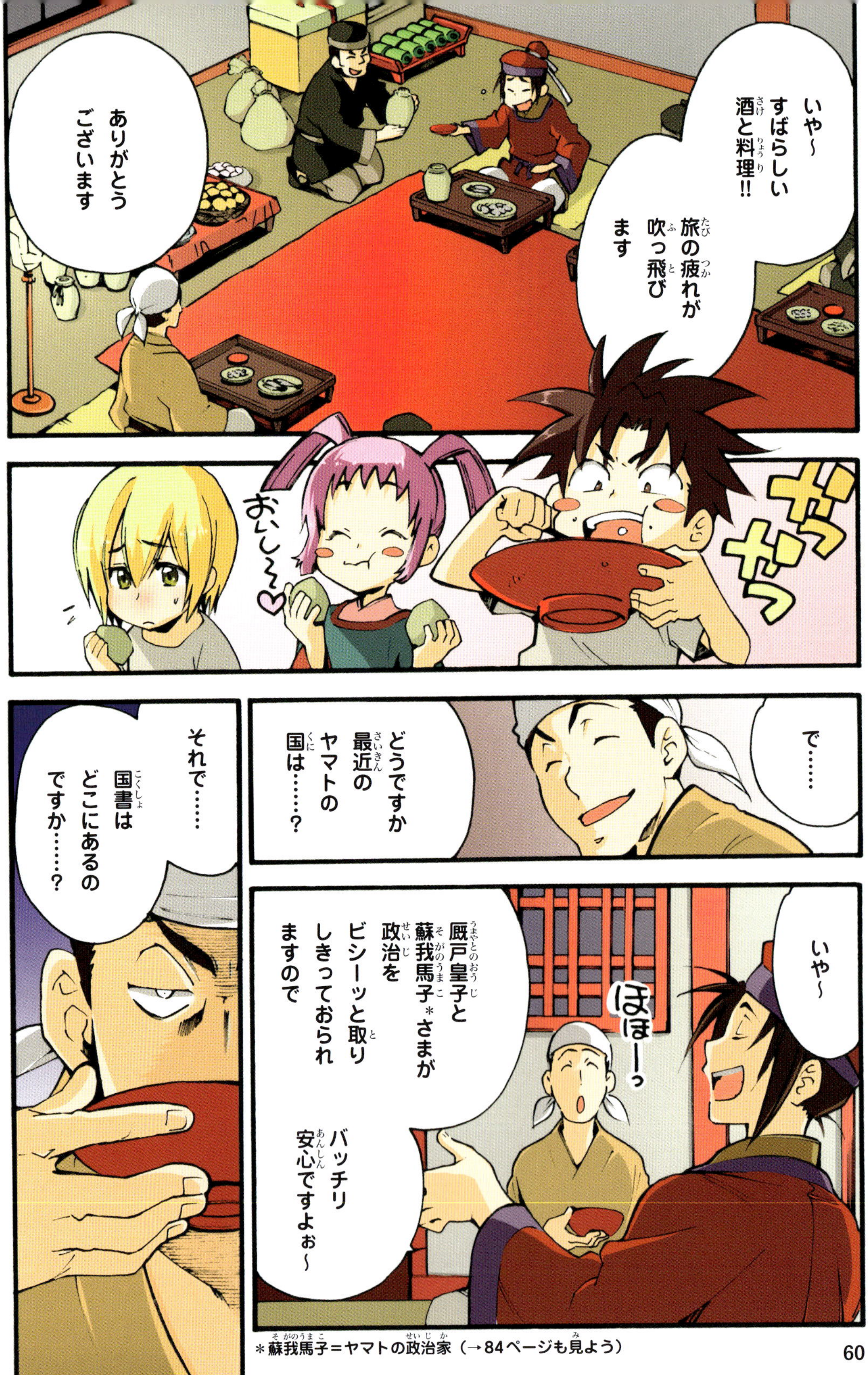
いや～ すばらしい 酒《さけ》と料理《りょうり》!! 旅《たび》の疲《つか》れが 吹《ふ》っ飛《と》び ます
ありがとう ございます
ガツガツ
おいし～♥
で……
どうですか 最近《さいきん》の ヤマトの 国《くに》は……?
いや～
ほほ～っ
厩戸皇子《うまやとのおうじ》と 蘇我馬子《そがのうまこ》＊さまが 政治《せいじ》を ビシーッと取《と》り しきっておられ ますので
バッチリ 安心《あんしん》ですよぉ～
それで…… 国書《こくしょ》は どこにあるの ですか……?

＊蘇我馬子《そがのうまこ》＝ヤマトの政治家《せいじか》（→84ページも見《み》よう）

国書《こくしょ》……
国書《こくしょ》が……
これがまた
……はは……
あれは
ひどいです
よォォ
ひぃ
キャッ
いくらなんで
もおお!!
妹子《いもこ》さん
お酒《さけ》に酔《よ》うと
タチ悪《わる》いわね
妹子《いもこ》さま…
わたしの話《はなし》
きいてくれ
ますぅぅ?
リク
腹《はら》でも痛《いて》ぇの?
あんま
食《く》ってない
じゃん
あ……いや
だいじょうぶ…
!
――ねぇ
カイ マリン
この飲《の》み物《もの》
変《へん》な味《あじ》しない?
ー?
ぜんぜん
変《へん》じゃねー
けど
くんくん

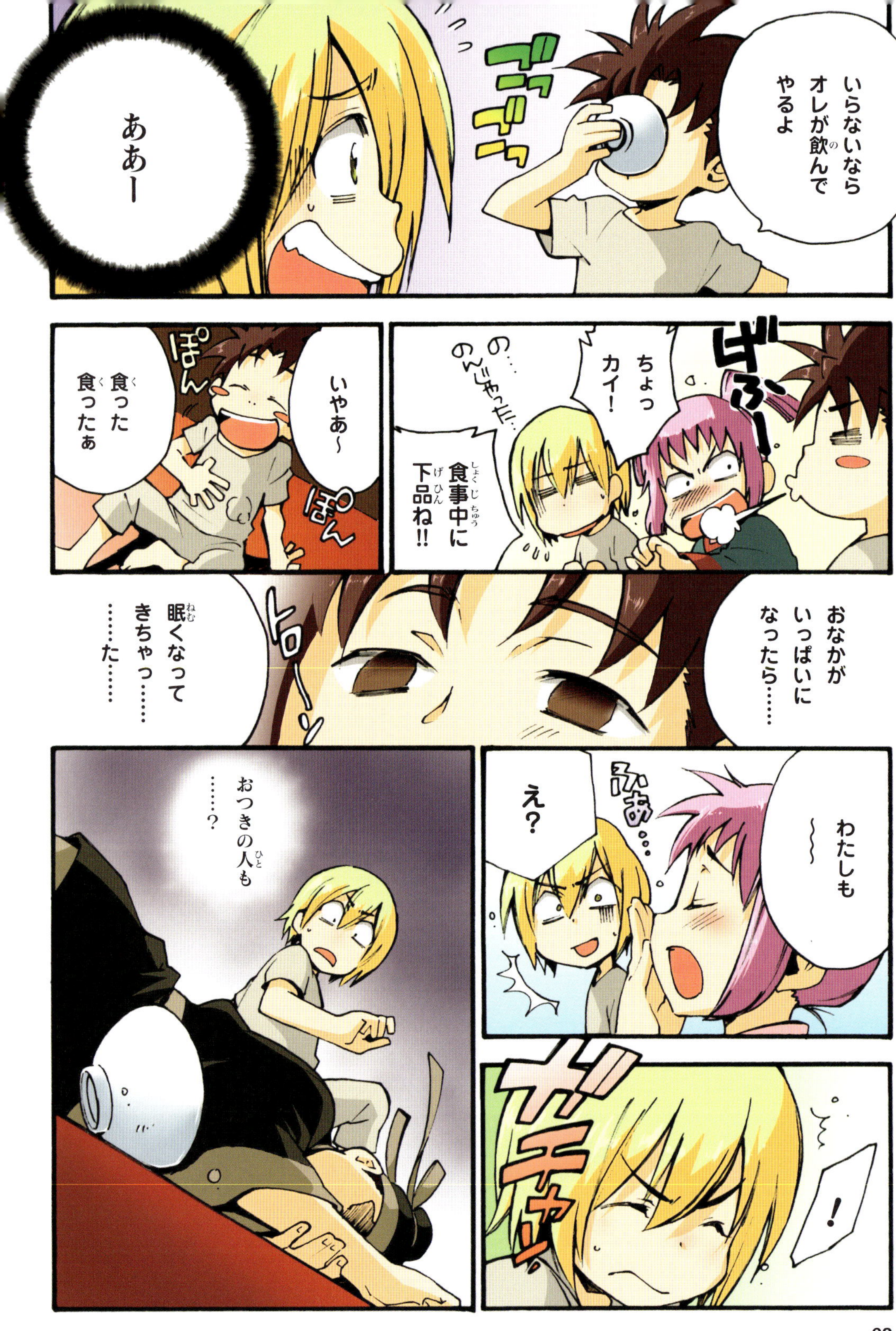
いらないなら
オレが飲《の》んで
やるよ
ゴッゴッゴッ
あぁー
ぶふー
ちょっ
カイ！
食事中《しょくじちゅう》に
下品《げひん》ね!!
の……
のんじゃった……
いやぁ～
食《く》った
食《く》ったぁ
ぽん
ぽん
おなかが
いっぱいに
なったら……
トローン
眠《ねむ》くなって
きちゃっ……
……た……
わたしも
～～
ふぁぁ…
え？
おつきの人《ひと》も
……？
ガチャッ
！

あぁっ
妹子《いもこ》さんまで……!?
スヤァ…
皇子《おうじ》…
ぐーー
えー…と…
えー…と…
えいっ
ねたふり
ククク…
チラ
眠《ねむ》りおったな……

クックックッ!
ヤマトのおろか者《もの》どもめが……
荷物《にもつ》の中《なか》も探《さが》せ!
ヘイ!!
チュンチュン
チュンチュン
ピピ…

――さん……
ぱち
妹子《いもこ》さん……
あ～～
よく寝《ね》たぁ
妹子《いもこ》さん
たいへんです
いや～
昨日《きのう》はすっかり
ごちそうになっちゃって
――
あ…れ……？
たたた
たいへんです
妹子《いもこ》さま!!

荷物《にもつ》がありません!
隋《ずい》の皇帝《こうてい》に渡《わた》す贈《おく》り物《もの》も!
えっ……
ばばばば
ええええ?
はっ
えっ…?
ふあ~~
よく寝《ね》たぁ――
朝《あさ》ごはんは何《なに》かな――?
何《なん》ということだ……
ん?
何《なに》かあったのか?

国書《こくしょ》がない……
ボロ…
な……
何《なん》ですか国書《こくしょ》って

厩戸皇子《うまやとのおうじ》ってどんな人《ひと》？

①外国《がいこく》との交渉《こうしょう》に力《ちから》を入《い》れた

厩戸皇子《うまやとのおうじ》は、用明天皇《ようめいてんのう》の皇子《おうじ》として生《う》まれました。厩戸皇子《うまやとのおうじ》の名前《なまえ》は、皇子《おうじ》の母《はは》が厩《うまや》（馬小屋《うまごや》）の戸《と》に当《あ》たった拍子《ひょうし》に出産《しゅっさん》したことから付《つ》けられたといわれています。

592年《ねん》に推古天皇《すいこてんのう》が即位《そくい》すると、翌年《よくねん》、厩戸皇子《うまやとのおうじ》は「摂政《せっしょう》」となり、推古天皇《すいこてんのう》を助《たす》けて政治《せいじ》をおこなったとされます。

皇子《おうじ》が特《とく》に力《ちから》を入《い》れたのが、外国《がいこく》との交渉《こうしょう》でした。折《おり》しも大陸《たいりく》では、589年《ねん》に隋《ずい》が中国《ちゅうごく》を統一《とういつ》して超大《ちょうたい》国《こく》をつくりあげたばかり。日本《にほん》も隋《ずい》の存在《そんざい》を無視《むし》できません。そこで皇子《おうじ》らは、隋《ずい》と国交《こっこう》を結《むす》ぶため、遣《けん》隋使《ずいし》を送《おく》ることにしました。

その頃《ころ》の東《ひがし》アジアは激動《げきどう》の時代《じだい》だったのね

冠位十二階《かんいじゅうにかい》

当時《とうじ》の日本《にほん》では、個人《こじん》の能力《のうりょく》に関係《かんけい》なく生《う》まれながらの家柄《いえがら》で、身分《みぶん》や仕事《しごと》が決《き》まってしまいました。そこで、厩戸皇子《うまやとのおうじ》らは、603年《ねん》に「冠位《かんい》十二階《じゅうにかい》」という制度《せいど》を新《あたら》しくつくりました。冠位《かんい》十二階《じゅうにかい》は、12段階《だんかい》の役人《やくにん》の位《くらい》をつくり、個人《こじん》の能《のう》力《りょく》を重視《じゅうし》して、位《くらい》を授《さず》けたり昇進《しょうしん》させたりする制《せい》度《ど》です。これにより、家柄《いえがら》にかかわらず、有能《ゆうのう》な人《ひと》を取《と》り立《た》てることができるようになりました。

	冠位《かんい》	色《いろ》
1	大徳《だいとく》	紫《むらさき》
2	小徳《しょうとく》	
3	大仁《だいにん》	青《あお》
4	小仁《しょうにん》	
5	大礼《だいれい》	赤《あか》
6	小礼《しょうれい》	
7	大信《だいしん》	黄《き》
8	小信《しょうしん》	
9	大義《だいぎ》	白《しろ》
10	小義《しょうぎ》	
11	大智《だいち》	黒《くろ》
12	小智《しょうち》	

冠位《かんい》は、上《うえ》から徳《とく》・仁《にん》・礼《れい》・信《しん》・義《ぎ》・智《ち》で、それぞれ大小《だいしょう》に分《わ》けて12階《かい》とした。位《くらい》に合《あ》わせて、冠《かんむり》の色《いろ》が決まっていた

わたしの冠位《かんい》は第《だい》5階《かい》の「大礼《だいれい》」けっして高《たか》い身分《みぶん》ではないけど皇子《おうじ》に才能《さいのう》を見込《みこ》まれたのです ヤッター!!

② 国《くに》のしくみを次々《つぎつぎ》と改革《かいかく》

600年《ねん》の遣隋使《けんずいし》は、大失敗《だいしっぱい》に終《お》わりました（↓55ページ）。「このままでは、隋《ずい》に認《みと》めてもらえない」と考《かんが》えた厩戸皇子《うまやとのおうじ》たちは、隋《ずい》をお手本《てほん》にして、国《くに》のしくみを変《か》えていきました。その代表的《だいひょうてき》なものが、「冠《かん》位十二階《いじゅうにかい》」と「十七条《じゅうしちじょう》の憲法《けんぽう》」です。

そして、国《くに》のしくみが整《ととの》った607年《ねん》、今度《こんど》こそ隋《ずい》と国交《こっこう》を結《むす》ぼうと、小野妹子《おののいもこ》らを隋《ずい》に派遣《はけん》したのです。

十七条《じゅうしちじょう》の憲法《けんぽう》

国《くに》の役人《やくにん》たちの仕事《しごと》の心構《こころがま》えを示《しめ》したのが、604年《ねん》に定《さだ》められた「十七条《じゅうしちじょう》の憲法《けんぽう》」です。

第《だい》1条《じょう》　人《ひと》の和《わ》を大切《たいせつ》にしなさい
第《だい》2条《じょう》　仏教《ぶっきょう》を信《しん》じなさい
第《だい》3条《じょう》　天皇《てんのう》の命令《めいれい》に従《したが》いなさい
…
第《だい》17条《じょう》　物事《ものごと》はみんなで話《はな》し合《あ》って決《き》めなさい

もの知りコラム

厩戸皇子《うまやとのおうじ》（聖徳太子《しょうとくたいし》）の伝説《でんせつ》

厩戸皇子《うまやとのおうじ》は、亡《な》くなったあとに「聖徳太子《しょうとくたいし》」と呼《よ》ばれるようになります。「聖徳《せいとく》」とは、「最《もっと》もすぐれた知恵《ちえ》」という意味《いみ》。その名《な》が示《しめ》すように、聖徳太子《しょうとくたいし》にはさまざまな伝説《でんせつ》があります。

10人《にん》の話《はなし》を同時《どうじ》に聞《き》けた

10人《にん》が一度《いちど》にしゃべったことを、バッチリ聞《き》き分《わ》けて、的確《てきかく》なアドバイスをした

四天王《してんのう》がバックについている

14歳《さい》の時《とき》、国内《こくない》の戦乱《せんらん》に参加《さんか》。厳《きび》しい戦《たたか》いが続《つづ》いていたが、皇子《おうじ》が四天王《してんのう》（仏教《ぶっきょう》を守《まも》る4柱《はしら》の神《かみ》）の像《ぞう》を彫《ほ》って祈《いの》ったとたん、戦《たたか》いに勝利《しょうり》！

助《たす》けた旅人《たびびと》が仙人《せんにん》だった

道《みち》で出会《であ》った飢《う》えた旅人《たびびと》に、食《た》べ物《もの》や自分《じぶん》の着《き》ていた服《ふく》をあげた。その旅人《たびびと》は死《し》んで埋葬《まいそう》されたが、数日後《すうじつご》に墓《はか》を掘《ほ》り返《かえ》してみると遺体《いたい》はなくなっていて、皇子《おうじ》のあげた服《ふく》だけがたたんでひつぎの上《うえ》に置《お》いてあった。旅人《たびびと》の正体《しょうたい》は、なんと仙人《せんにん》だったのだ！

たしかに皇子《おうじ》は
不思議《ふしぎ》な方《かた》ですが
ちょっと大《おお》げさな
ような……

5章《しょう》

大事《だいじ》な国書《こくしょ》が盗《ぬす》まれた！

あの──……
オレが書《か》いてあげるよ！

ドンマイ妹子《いもこ》さん
皇帝《こうてい》への手紙《てがみ》がなくたってだいじょうぶさ!!
ヒュ───…
だ……
だいじょうぶじゃな───い!!
あれがないとたいへんなことに──!!

妹子《いもこ》さん
じつは ぼく あの時《とき》……
うまく いったな
チョロイ もんだぜ
あったぞ これだ
ヤマトから 隋《ずい》の皇帝《こうてい》への 国書《こくしょ》だ
こいつは 高《たか》く売《う》れる ぜ
早《はや》いとこ洛陽《らくよう》へ 行《い》くとしよう
だから 早《はや》く洛陽《らくよう》に 行《い》って あの人《ひと》たちを 見《み》つけないと!!
……
じゃ すぐに 追《お》っかけ ようぜ!!
どっか わかんねーけど!!

洛陽《らくよう》は隋《ずい》の都《みやこ》……
皇帝《こうてい》のいらっしゃるところだ
おそらくこれは隋《ずい》と敵対《てきたい》する者《もの》のしわざだ
今《いま》隋《ずい》は高句麗《こうくり》と対立《たいりつ》している
高句麗《こうくり》
洛陽《らくよう》
隋《ずい》
ヤマトと隋《ずい》が手《て》を結《むす》ぶと高句麗《こうくり》にとって都合《つごう》が悪《わる》いんだ
じゃあ国書《こくしょ》を高《たか》く買《か》うっていうのは
ああ……きっと高句麗《こうくり》のスパイだろう
何《なん》とか国書《こくしょ》が売《う》られる前《まえ》に
取《と》り返《かえ》すしかない

ああ
やっと見《み》つけた……
ヤマトの船《ふね》が港《みなと》に着《つ》いたと聞《き》き急《いそ》いで参《まい》りました
裴世清《はいせいせい》
これが本物《ほんもの》の隋《ずい》の役人《やくにん》……
ただよう気品《きひん》が違《ちが》う……
はっ
ねぇ君《きみ》たち
国書《こくしょ》が盗《ぬす》まれたこと隋《ずい》の方々《かたがた》には内緒《ないしょ》にしてくれる?
大事《だいじ》な手紙《てがみ》をなくしたと知《し》れたら大事《おおごと》になっちゃうから……
しー…
わかった!!
ぜったい言《い》わないよ!!

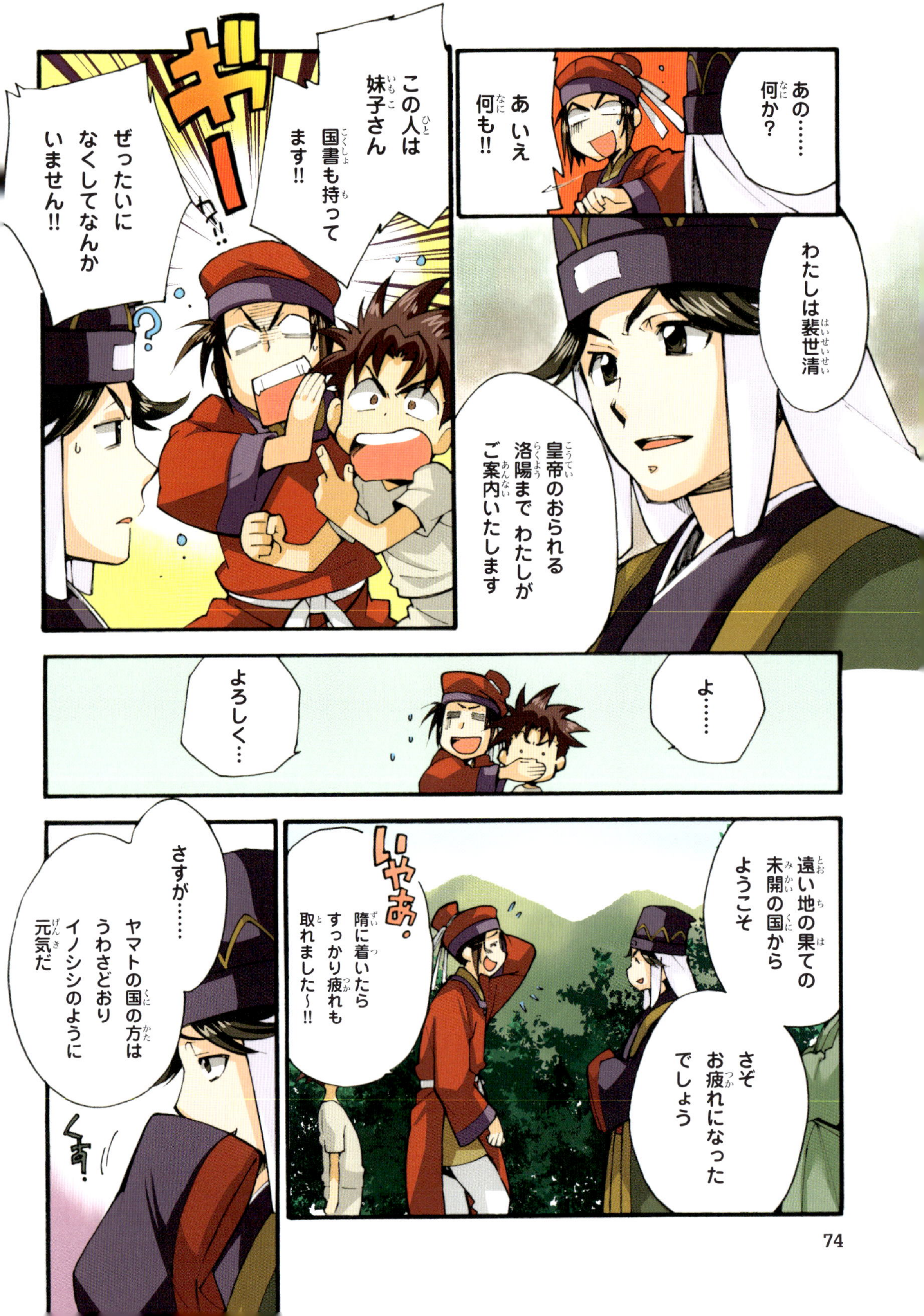
あの……何《なに》か?
あ いえ 何《なに》も!!
この人《ひと》は妹子《いもこ》さん 国書《こくしょ》も持《も》ってます!!
ギーー
ぜったいになくしてなんかいません!!
わたしは裴世清《はいせいせい》
皇帝《こうてい》のおられる洛陽《らくよう》まで わたしがご案内《あんない》いたします
よ……
よろしく…
遠《とお》い地《ち》の果《は》ての未開《みかい》の国《くに》からようこそ
さぞお疲《つか》れになったでしょう
いやあ。
隋《ずい》に着《つ》いたらすっかり疲《つか》れも取《と》れました〜!!
さすが……ヤマトの国《くに》の方《かた》はうわさどおりイノシシのように元気《げんき》だ
くすっ

はい　もう
この通《とお》り!!
はっはっは
ぇっ…?
イーン　シーン…
あの人《ひと》
何《なん》かオレたちの
ことバカにして
ないか?
妹子《いもこ》さん
にぶい
ははは～
くっくっく…
すごいな
あの子《こ》
馬《うま》たちが
なついて
いる
スリ
スリ
あはは…
くすぐったい
よ
ぬうっ
ん?

これはすごい
さすがヤマトの方《かた》
ケモノのほうも仲間《なかま》だと思《おも》っているのでしょうね
くすくす
あいつー
くすくす
ギリギリギリ
カィ…
おちついて…
あっ
チュー太郎《たろう》!
ピョン
ササッ
ガブッ
ヒイイ!!
お尻《しり》がぁぁ

ハイセーセーさん！お尻《しり》がどうかされました？
はっ
オホン
な……何《なん》でもありません
ぱっ
はぁ…
くくく…
さっ急《いそ》いで洛陽《らくよう》へ参《まい》りましょう
ここは
新《あら》たに工事《こうじ》をしている大運河《だいうんが》です
おお…
なんと巨大《きょだい》な水路《すいろ》これはすごい!!

うわぁ～～!! さすが隋《ずい》ですね!!
ヤマトの国《くに》も我《わ》が国《くに》の工事《こうじ》を猿《さる》まねされてはいかがですか?
隋《ずい》
涿郡《たくぐん》
運河《うんが》
黄河《こうが》
洛陽《らくよう》
揚州《ようしゅう》
杭州《こうしゅう》
長江《ちょうこう》
運河《うんが》のおかげで国内《こくない》の交通《こうつう》が より便利《べんり》になりました
まあ
さすがに無理《むり》でしょうね
クスクス
やなやつ……
?
ぐーっ
ずら～り

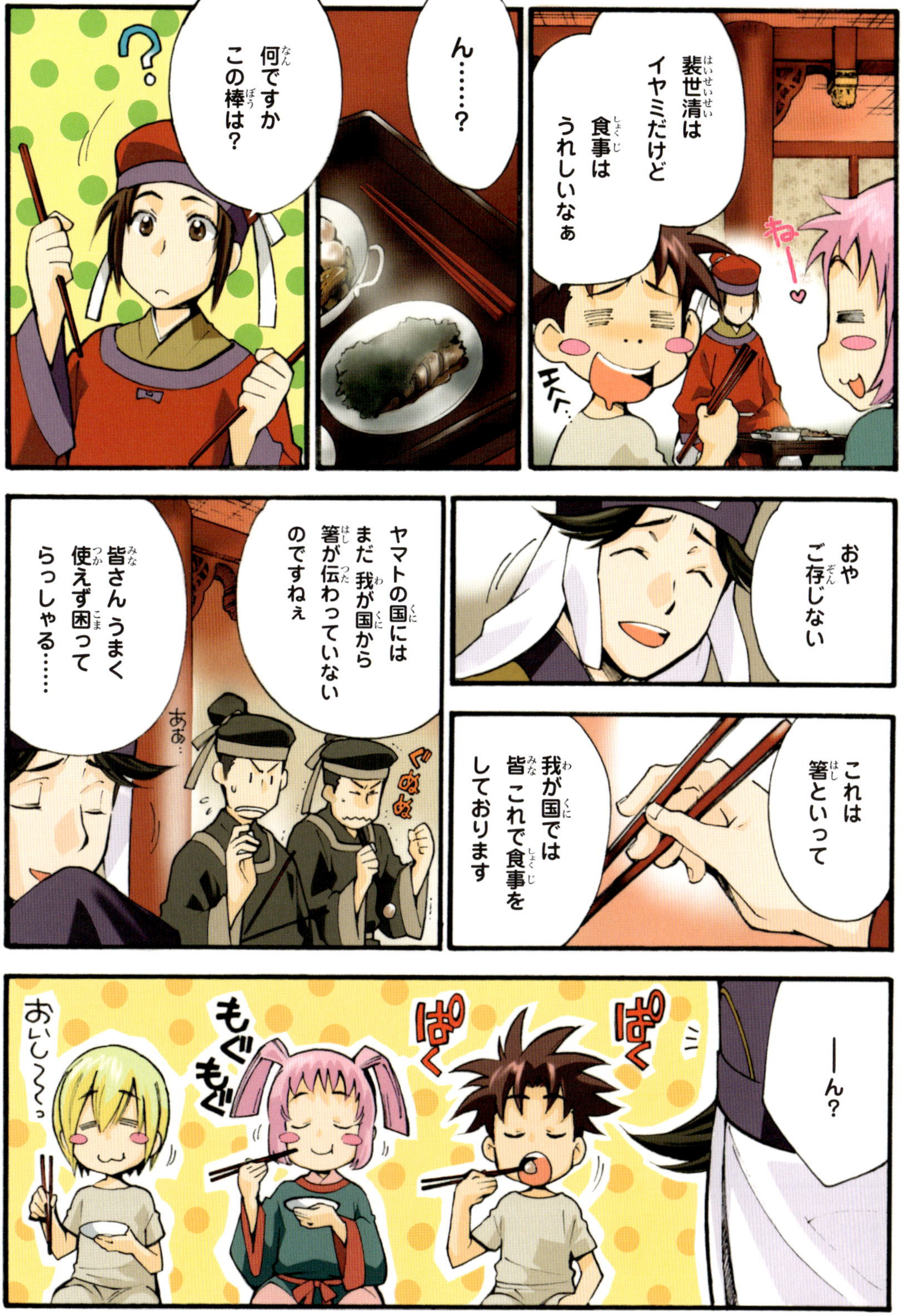

裴世清《はいせいせい》はイヤミだけど食事《しょくじ》はうれしいなぁ
ねー♥
エヘヘ…
ん……?
何《なん》ですかこの棒《ぼう》は?
おやご存《ぞん》じない
これは箸《はし》といって
我《わ》が国《くに》では皆《みな》これで食事《しょくじ》をしております
ヤマトの国《くに》にはまだ我《わ》が国《くに》から箸《はし》が伝《つた》わっていないのですねぇ
皆《みな》さんうまく使《つか》えず困《こま》ってらっしゃる……
ぐぬぬ
ああ…
ーーん?
ぱく
ぱく
もぐ
もぐ
おいしぃ〜っ

妹子《いもこ》さん食《た》べさせてあげようか?
いいや
持《も》ち方《かた》を教《おし》えてくれないか
ふーん。。。
なかなかやりますね……
ココと、ココでおさえて…
ほう…
……
すげぇ景色《けしき》だ……
この国《くに》広《ひろ》すぎるわぁ……

でも裴世清《はいせいせい》さんはすごいイヤミ
べーっ
くやしいけど確《たし》かに隋《ずい》はすごい国《くに》だ
隋《ずい》に比《くら》べたらヤマトは足元《あしもと》にも及《およ》ばない小国《しょうこく》だ
——だがこれからは違《ちが》う
隋《ずい》のすぐれた文化《ぶんか》を学《まな》んで
ヤマトを隋《ずい》に負《ま》けないいい国《くに》にしていくのだ
そのために
厩戸皇子《うまやとのおうじ》がわたしを隋《ずい》まで来《こ》させたのだから

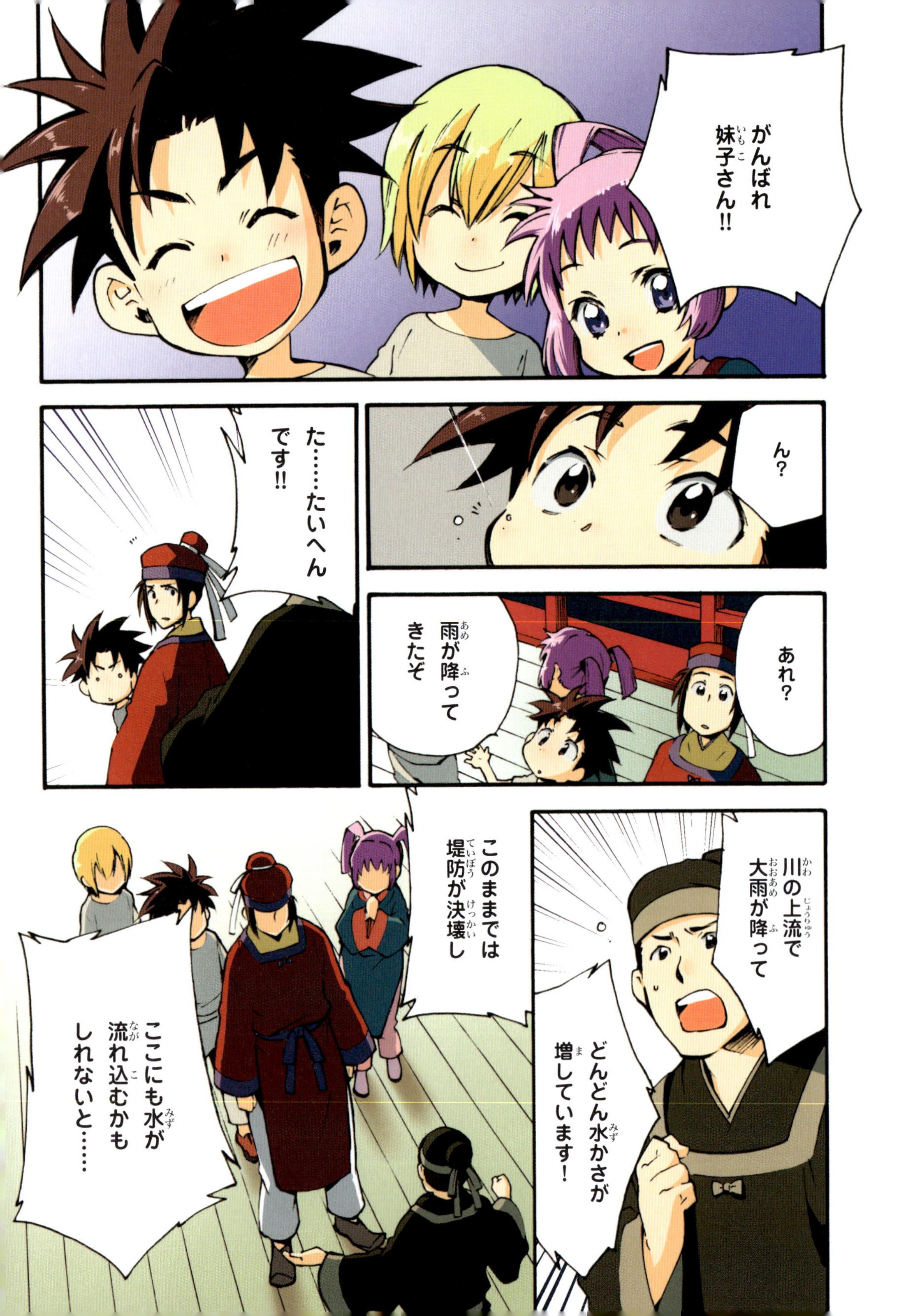

がんばれ妹子《いもこ》さん!!
ん?
た……たいへんです!!
あれ?
雨《あめ》が降《ふ》ってきたぞ
川《かわ》の上流《じょうりゅう》で大雨《おおあめ》が降《ふ》って
どんどん水《みず》かさが増《ま》しています!
このままでは堤防《ていぼう》が決壊《けっかい》し
ここにも水《みず》が流《なが》れ込《こ》むかもしれないと……

な……
なんだって～!?

飛鳥時代《あすかじだい》の大実力者《だいじつりょくしゃ》・蘇我氏《そがし》

① 陰《かげ》の天皇《てんのう》？だった蘇我氏《そがし》

蘇我氏《そがし》は飛鳥時代《あすかじだい》の大豪族《だいごうぞく》です。古《ふる》くからの名門《めいもん》豪族《ごうぞく》ではなかったものの、仏教《ぶっきょう》をいち早《はや》く取《と》り入《い》れ、技術力《ぎじゅつりょく》を持《も》った渡来人《とらいじん》たちと手《て》を組《く》むことで、急速《きゅうそく》に力《ちから》をつけました。

なかでも蘇我馬子《そがのうまこ》は、豪族《ごうぞく》トップの地位《ちい》の「大臣《おおおみ》」として政治《せいじ》を取《と》り仕切《しき》りました。さらには、自分《じぶん》の思《おも》い通《どお》りにならない崇峻天皇《すしゅんてんのう》を手下《てした》を使《つか》って暗殺《あんさつ》し、自分《じぶん》のめいの推古天皇《すいこてんのう》を即位《そくい》させました。天皇《てんのう》を暗殺《あんさつ》しても罪《つみ》にとわれなかったのですから、馬子《うまこ》の権力《けんりょく》がいかに強大《きょうだい》であったかがわかります。

石舞台古墳《いしぶたいこふん》（奈良県明日香村《ならけんあすかむら》）
蘇我馬子《そがのうまこ》の墓《はか》だとされる。かつては全体《ぜんたい》が土《つち》におおわれていたと考《かんが》えられている

写真：朝日新聞社

②「乙巳《いっし》の変《へん》」で滅《ほろ》ぶ

馬子《うまこ》の死後《しご》も、子《こ》の蝦夷《えみし》や孫《まご》の入鹿《いるか》が政治《せいじ》の実権《じっけん》を握《にぎ》り、権力《けんりょく》をふるい続《つづ》けました。しかし、あまりに天皇《てんのう》をないがしろにしたため、ついに天皇家《てんのうけ》の不満《ふまん》が爆発《ばくはつ》します。645年《ねん》、天皇家《てんのうけ》の中大兄皇子《なかのおおえのおうじ》（のちの天智天皇《てんじてんのう》）とけらいの中臣鎌足《なかとみのかまたり》が、蘇我入鹿《そがのいるか》を暗殺《あんさつ》。蝦夷《えみし》を自殺《じさつ》に追《お》い込《こ》み、蘇我氏《そがし》の時代《じだい》は終《お》わりを告《つ》げました。これを「乙巳《いっし》の変《へん》」といいます。

このの ち、中大兄皇子《なかのおおえのおうじ》らは、天皇《てんのう》を中心《ちゅうしん》とした政《せい》治《じ》のしくみを整《ととの》えるため、数々《かずかず》の改革《かいかく》をおこないました。この一連《いちれん》の改革《かいかく》を、「大化《たいか》の改新《かいしん》」と呼《よ》んでいます。

もの知《し》りコラム　厩戸皇子《うまやとのおうじ》は本当《ほんとう》はすごくなかった!?

死後《しご》に聖徳太子《しょうとくたいし》と呼《よ》ばれて尊敬《そんけい》されたと伝《つた》わる厩戸皇子《うまやとのおうじ》ですが、じつは、「それほどすごい人《ひと》ではなかった?」という説《せつ》があります。

厩戸皇子《うまやとのおうじ》の活躍《かつやく》ぶりが書《か》かれている主《おも》な歴史書《れきししょ》は『日本書紀《にほんしょき》』です。この『日本書紀《にほんしょき》』は、乙巳《いっし》の変《へん》で蘇我《そが》氏《し》を倒《たお》した天皇家《てんのうけ》や藤原氏《ふじわらし》（中臣鎌足《なかとみのかまたり》の子孫《しそん》）によってつくられたものです。そこから、こんな説《せつ》が生《う》まれました。

「推古天皇《すいこてんのう》の時代《じだい》に、すばらしい政治《せいじ》をおこなったのは、じつは蘇我馬子《そがのうまこ》だった。だが、蘇我氏《そがし》を滅《ほろ》ぼした天皇家《てんのうけ》としては、蘇我氏《そがし》のことをほめたくない。そこで、厩戸皇子《うまやとのおうじ》というすごい人物《じんぶつ》をつくりあげて、馬子《うまこ》のやったことをすべて、その人物《じんぶつ》の功績《こうせき》にした」

はたして、厩戸皇子《うまやとのおうじ》はすごかったのか？　すごくなかったのか？　あなたはどう思《おも》いますか？

厩戸皇子《うまやとのおうじ》（聖徳太子《しょうとくたいし》）
厩戸皇子《うまやとのおうじ》だと伝《つた》わる有《ゆう》名《めい》な肖像画《しょうぞうが》で、厩戸皇《うまやとのおう》子《じ》が亡《な》くなって100年以上《ねんいじょう》経《た》ってから描《か》かれたものだと推定《すいてい》されている。実際《じっさい》の姿《すがた》を見《み》て描《か》いたわけではなく、画家《がか》が想像《そうぞう》で描《か》いたものなので、本人《ほんにん》とは似《に》ていないかも

宮内庁蔵

蘇我氏《そがし》は、厩戸皇子《うまやとのおうじ》の子孫《しそん》を滅《ほろ》ぼした！

厩戸皇子《うまやとのおうじ》の子《こ》・山背大兄王《やましろのおおえのおう》は次期天皇《じきてんのう》の有力候《ゆうりょくこう》補《ほ》でしたが、厩戸皇子《うまやとのおうじ》が亡《な》くなったあと、蘇我《そがの》入鹿《いるか》に、一族《いちぞく》もろとも自殺《じさつ》に追《お》い込《こ》まれてしまいました。入鹿《いるか》が権力《けんりょく》をふるううえで邪魔《じゃま》になったからです。『日本書記《にほんしょき》』によると、「乙巳《いっし》の変《へん》」は、罪《つみ》のない山背大兄王《やましろのおおえのおう》を殺《ころ》したことに対《たい》し、天《てん》が入鹿《いるか》に罰《ばつ》を与《あた》えたものだと伝《つた》えられています。

斑鳩《いかるが》の里《さと》（奈良県《ならけん》斑鳩町《いかるがちょう》）
厩戸皇子《うまやとのおうじ》の一族《いちぞく》の拠点《きょてん》だった。厩戸《うまやとの》皇子《おうじ》の創建《そうけん》とされる法隆寺《ほうりゅうじ》が有名《ゆうめい》

写真：朝日新聞社

6章《しょう》

巨大都市《きょだいとし》

隋《ずい》の都《みやこ》・洛陽《らくよう》へ！

洛陽《らくよう》に到着《とうちゃく》ー
洪水《こうずい》にのってきたー！

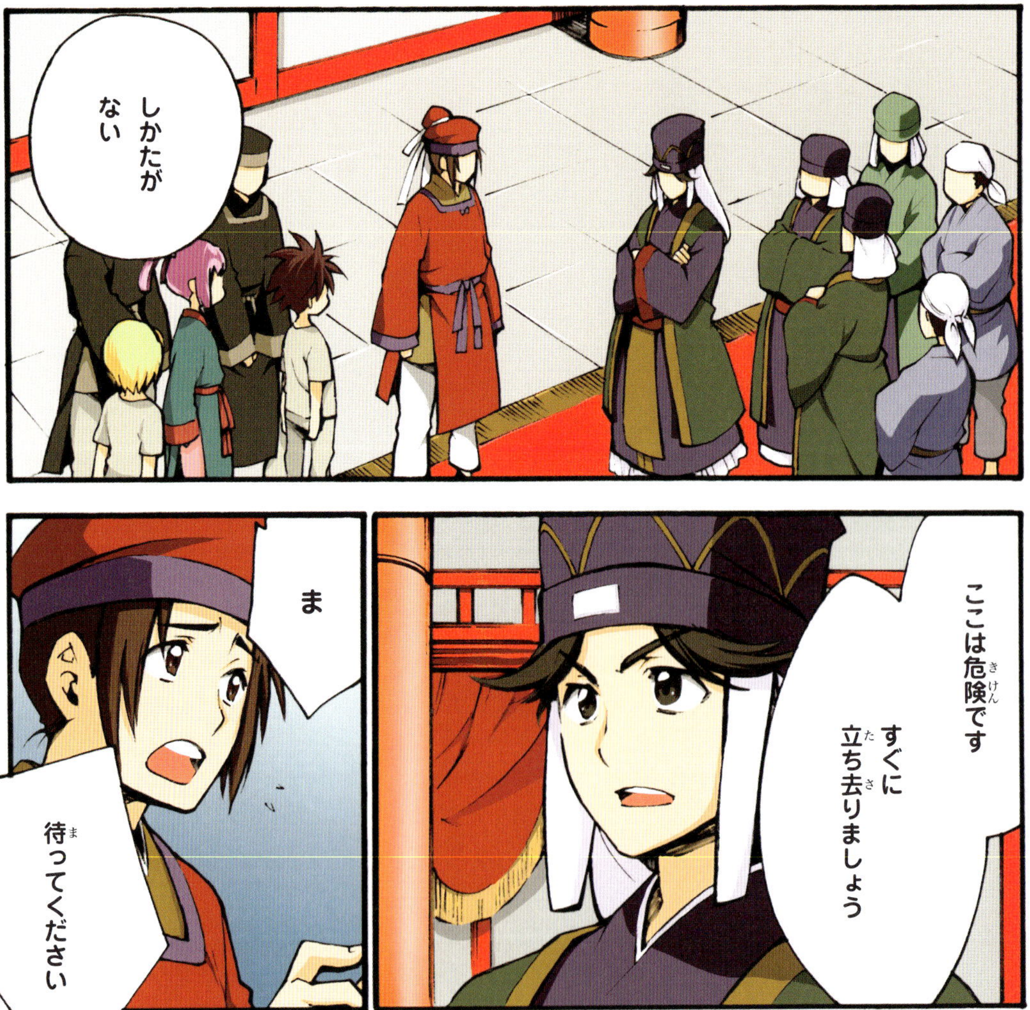

しかたがない
ここは危険《きけん》です
すぐに立《た》ち去《さ》りましょう
ま
待《ま》ってください

堤防《ていぼう》が決壊《けっかい》したら
ここに住《す》んでいる人《ひと》たちはどうなるんですか
――それは……
川《かわ》の水《みず》があふれないように
皆《みな》で堤防《ていぼう》を補強《ほきょう》しましょう
そんなのは
下々《しもじも》の者《もの》がやることで我々《われわれ》のやるべきことではない
ヤマトは災害《さいがい》の多《おお》い国《くに》です
災害《さいがい》の時《とき》は皆《みな》で力《ちから》を合《あ》わせて乗《の》り切《き》るんです
自分《じぶん》は関係《かんけい》ないなどと言《い》ってる場合《ばあい》じゃない!!

あなたたちが
やらなくても
わたしは
やりますよ
妹子《いもこ》さん!
ダッ!!
……
オレたちも
行《い》くよ!!
バシャ
バシャ
もう
あふれそう
だ……
ドドド
ドドド
ドド

よしっ
我々《われわれ》もやるぞ!!
おう!

早《はや》く
早《はや》く
はぁはぁ
つるっ
あっ
わああ ああ
ドシャアアア
あぶないっ!!
ザ!
へへ

ザァァァァ
雨《あめ》が……
上《あ》がった
ようだ

水《みず》も引《ひ》いていくだろう
やったー
なんとかもちこたえたぞ!!
やりましたなー妹子《いもこ》どの!!
はっ…
ぱっ
裴世清《はいせいせい》どのもありがとう!
フン……

長旅《ながたび》 お疲《つか》れさまでした
洛陽《らくよう》に着《つ》きましたよ
しばし観光《かんこう》を楽《たの》しんでください
隋《ずい》は世界一《せかいいち》の大国《たいこく》
商売人《しょうばいにん》や芸人《げいにん》など世界中《せかいじゅう》から人《ひと》がやってきます

さすが隋《ずい》の都《みやこ》!!
なんと広《ひろ》くて立派《りっぱ》なのだ――

ラヤ〜
にぎやかなところね〜〜
――って……
喜《よろこ》んでる場合《ばあい》じゃなかった……
国書《こくしょ》どうしよう
どんより
妹子《いもこ》さん せっかく来《き》たんだし 今《いま》は国書《こくしょ》のこと忘《わす》れましょうよ
そ……そう言《い》われても
ギュッ
よーし わたしも大道芸《だいどうげい》に参加《さんか》して
妹子《いもこ》さんにも楽《たの》しんでもらう!!
え!? マリン……!?
見《み》ててね妹子《いもこ》さん!!

ほう……
音楽《おんがく》 聞《き》くと 体《からだ》が動《うご》くん だもんな
すごい
このような 踊《おど》り 見《み》たことも ない！
ワァァァ
ジャン♪
あの子《こ》
うちのチームに スカウトしよう

あっ
まずい!
ドラが!!

何《なん》だ?
ゾウが
暴《あば》れてるーー!?
あっ
えっ?

きゃっ
あぶない!!
パオ
オォォ
きゃああああ

中国《ちゅうごく》は長《なが》～い歴史《れきし》のある国《くに》

① 歴史《れきし》は4千年《せんねん》以上《いじょう》！

中国文明《ちゅうごくぶんめい》は、今《いま》から4千年以上前《せんねんいじょうまえ》に、黄河《こうが》と長江《ちょうこう》という2つの大《おお》きな川《かわ》の周辺《しゅうへん》で生《う》まれました。中国《ちゅうごく》は、東《ひがし》アジアで最《もっと》も進《すす》んだ地域《ちいき》でした。

日本《にほん》は、約《やく》2千年前《せんねんまえ》から中国《ちゅうごく》と交流《こうりゅう》し、中《ちゅう》国《ごく》の進《すす》んだ文化《ぶんか》を取《と》り入《い》れてきたことが記録《きろく》に残《のこ》っています。しかし、仲《なか》がいい時《とき》ばかりではなく、日本《にほん》と中国《ちゅうごく》は、過去《かこ》に何度《なんど》か戦争《せんそう》をしています。

日本《にほん》にとって、隣《となり》に位置《いち》する大国《たいこく》・中国《ちゅうごく》とどのようにつきあっていくのかは、昔《むかし》も今《いま》も、大《おお》きな課題《かだい》です。

万里《ばんり》の長城《ちょうじょう》
秦《しん》の始皇帝《しこうてい》が北方《ほっぽう》に住《す》む敵《てき》の侵入《しんにゅう》をはばむために修築《しゅうちく》した。明《みん》の時代《じだい》には、8千《せん》kmを超《こ》える長《なが》さになった

故《ふる》きを温《たず》ねて新《あたら》しきを知《し》る

孔子《こうし》
周《しゅう》の時代《じだい》の思想家《しそうか》。孔子《こうし》の言葉《ことば》は、死後《しご》に『論語《ろんご》』にまとめられた
写真：朝日新聞社

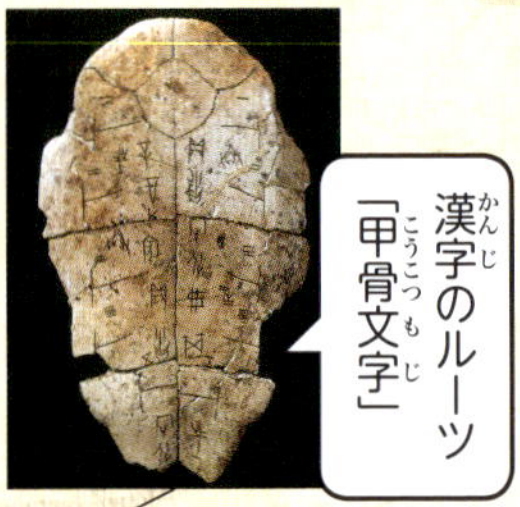
漢字《かんじ》のルーツ「甲骨文字《こうこつもじ》」

殷《いん》の時代《じだい》の文字《もじ》
亀《かめ》のこうらや動物《どうぶつ》の骨《ほね》に占《うらな》いの結果《けっか》を書《か》いていた。この「甲骨文字《こうこつもじ》」が、発展《はってん》して漢《かん》字《じ》になったといわれる
写真：Granger/PPS通信社

中国《ちゅうごく》を支配《しはい》した王朝《おうちょう》など

紀元前《きげんぜん》1000年《ねん》　0年《ねん》

夏《か》？（歴史書《れきししょ》に登場《とうじょう》する幻《まぼろし》の王朝《おうちょう》）→ 殷《いん》 → 周《しゅう》 → 秦《しん》 → 漢《かん》 → 三国《さんごく》（魏《ぎ》・呉《ご》・蜀《しょく》）→

NINTENDO 3DS
三國志
天才軍師《てんさいぐんし》・諸葛孔明《しょかつこうめい》が大活躍《だいかつやく》！

ゲームやマンガで大人気《だいにんき》の「三《さん》国志《ごくし》」は、この時代《じだい》が舞台《ぶたい》

兵馬俑《へいばよう》
土《つち》でできた等身大《とうしんだい》の兵士《へいし》と馬《うま》の大軍団《だいぐんだん》。あの世《よ》で始《し》皇帝《こうてい》を守《まも》る軍隊《ぐんたい》だと考《かんが》えられている
写真：朝日新聞社

見《み》よ！我《わ》が国《くに》の輝《かがや》かしい歴史《れきし》を！

始皇帝《しこうてい》
歴史上初《れきしじょうはじ》めて中国全土《ちゅうごくぜんど》を統一《とういつ》し、秦《しん》を打《う》ち立《た》てた。最初《さいしょ》の皇帝《こうてい》。
写真：Paolo Koch/PPS通信社

もの知《し》りコラム

中国《ちゅうごく》の偉大《いだい》な四大発明《よんだいはつめい》

中国《ちゅうごく》には、偉大《いだい》な発明品《はつめいひん》が数多《かずおお》くあります。なかでも、世界《せかい》に影響《えいきょう》を与《あた》えた、「紙《かみ》」「羅針盤《らしんばん》」「火薬《かやく》」「印刷機《いんさつき》」を、四大発明《よんだいはつめい》と呼《よ》んでいます。

紙《かみ》　漢《かん》の時代《じだい》に発明《はつめい》されたといわれる。日本《にほん》には、飛鳥時代《あすかじだい》に製《せい》法《ほう》が伝《つた》わった

紙《かみ》は2000年《ねん》以上前《いじょうまえ》に生《う》まれたんやで

羅針盤《らしんばん》　羅針盤《らしんばん》は、磁石《じしゃく》を使《つか》って方《ほう》角《がく》を知《し》るための道具《どうぐ》。宋《そう》の時代《じだい》には、実際《じっさい》に航海《こうかい》で使用《しよう》されていた

これがあれば海《うみ》で迷《まよ》わないっ！

火薬《かやく》　唐《とう》の時代《じだい》には、火薬《かやく》の製《せい》法《ほう》が知《し》られていた。武器《ぶき》や花火《はなび》として使《つか》われたようだ。日本《にほん》には室《むろ》町時代《まちじだい》に製法《せいほう》が伝《つた》わった

花火《はなび》が楽《たの》しめるのも中国《ちゅうごく》のおかげ

印刷機《いんさつき》　唐《とう》の時代《じだい》には木《き》を使《つか》って版《はん》画《が》のように印刷《いんさつ》する木版印刷術《もくはんいんさつじゅつ》が、宋《そう》の時代《じだい》には陶器製《とうきせい》の活字《かつじ》を使《つか》った活版《かっぱん》印刷術《いんさつじゅつ》がおこなわれていた

一二三四五
六七八九十
千万山川
花水木田

わたしが中国最後《ちゅうごくさいご》の皇帝《こうてい》です

愛新覚羅溥儀《あいしんかくらふぎ》
清《しん》の最後《さいご》の皇帝《こうてい》。溥儀《ふぎ》の退位《たいい》により、2千年《せんねん》以上続《いじょうつづ》いた皇帝《こうてい》による政治《せいじ》は終《お》わった

写真：朝日新聞社

紫禁城《しきんじょう》
北京《ペキン》（現在《げんざい》の首都《しゅと》）にある、明《みん》・清《しん》の時代《じだい》の宮殿《きゅうでん》。城壁《じょうへき》に囲《かこ》まれた広大《こうだい》な敷地《しきち》の中《なか》に立《た》つ。現在《げんざい》は博物館《はくぶつかん》「故宮博物院《こきゅうはくぶついん》」となっている

写真：朝日新聞社

三蔵法師を守る、孫悟空と仲間が大あばれ!
西遊記
ご存《ぞん》じ！孫悟空《そんごくう》のおはなし

『西遊記《さいゆうき》』
明《みん》の時代《じだい》に成立《せいりつ》した長編小説《ちょうへんしょうせつ》。唐《とう》の時代《じだい》を舞台《ぶたい》に、三蔵法師《さんぞうほうし》が孫悟《そんご》空《くう》・猪八戒《ちょはっかい》・沙悟浄《さごじょう》とともに、経《きょう》典《てん》を求《もと》めてインドまで旅《たび》をする

写真：学研

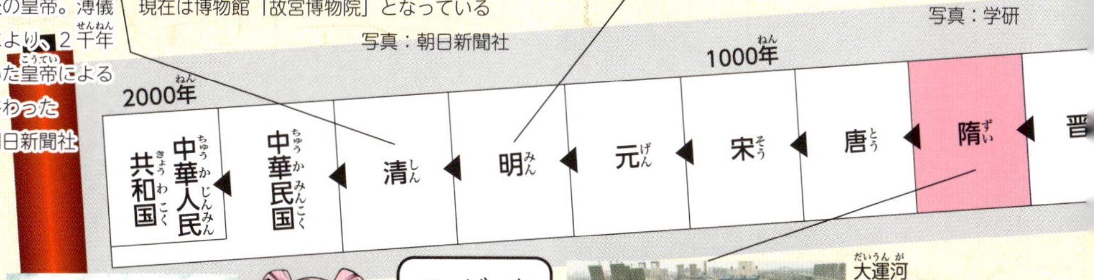
2000年《ねん》
1000年《ねん》
中華人民共和国《ちゅうかじんみんきょうわこく》
中華民国《ちゅうかみんこく》
清《しん》
明《みん》
元《げん》
宋《そう》
唐《とう》
隋《ずい》
晋

＊中国《ちゅうごく》の王朝名《おうちょうめい》（国名《こくめい》）は、主《おも》なもののみ

写真：朝日新聞社

未来《みらい》っぽいビルがステキ！

現在《げんざい》の上海《シャンハイ》の町並《まちな》み
中国最大《ちゅうごくさいだい》の経済都市《けいざいとし》だ

大運河《だいうんが》
隋《ずい》の煬帝《ようだい》が築《きず》いた世界最長《せかいさいちょう》の運河《うんが》。中国《ちゅうごく》の広《ひろ》い国土《こくど》の北部《ほくぶ》と南部《なんぶ》を結《むす》ぶ交通路《こうつうろ》として発達《はったつ》した

7章《しょう》
盗《ぬす》まれた国書《こくしょ》を取《と》り返《かえ》せ！

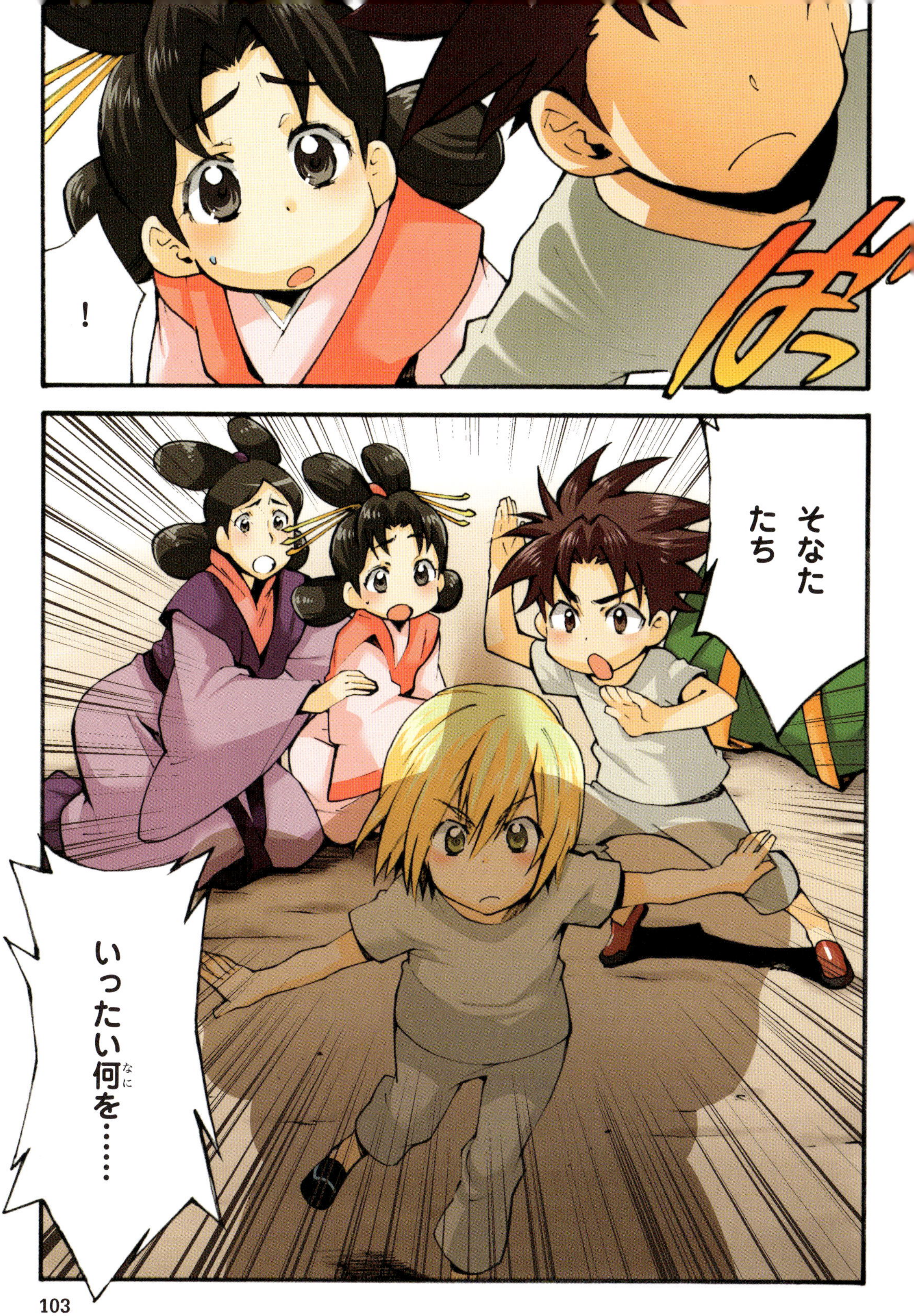
ばっ
！
そなたたち
いったい何《なに》を……

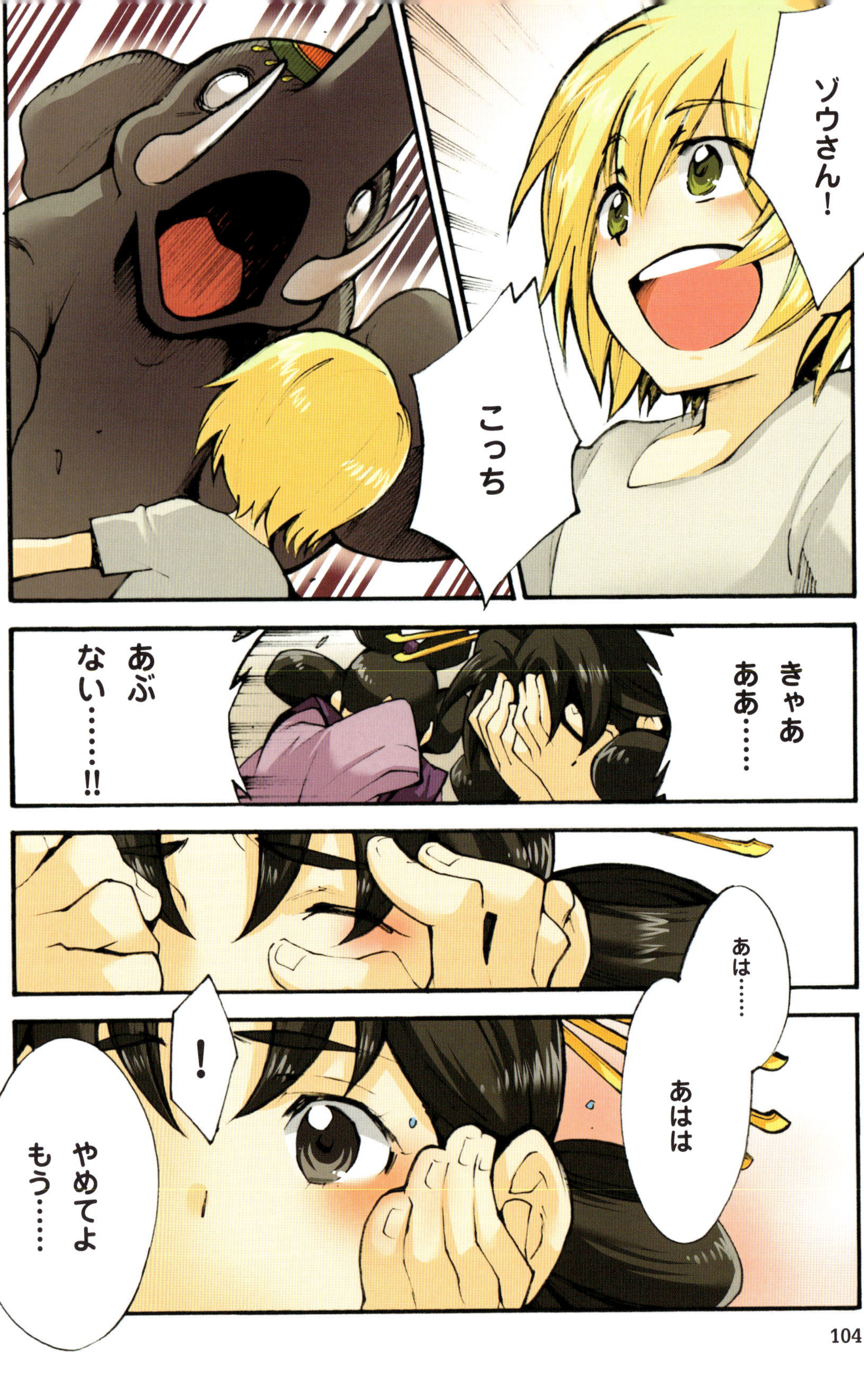
ゾウさん!
こっち
きゃあ ああ……
あぶ ない……!!
あは……
あはは
!
もう…… やめてよ

くすぐったいってば……
あはは…
♪
何《なん》か びっくりしちゃったんだね
もう だいじょうぶだよ
なんと……これは
ケガなかった? もう安心《あんしん》だぜ!
オレ何《なに》もしてないケド!
ワァァァ

さっ
主人《しゅじん》のところへお帰《かえ》り
あ!
あの人《ひと》……
国書《こくしょ》を盗《ぬす》んだ人《ひと》だ!!
あそこか……
ささっ

今日《きょう》の夕方《ゆうがた》
国書《こくしょ》を買《か》って
くれる人《ひと》に会《あ》える
そうか
いよいよ
大金《たいきん》が手《て》に
入《はい》るぞ
ははははは…
――今《いま》の
聞《き》いたか!?
――まずいよ
早《はや》く 取《と》り
返《かえ》さないと
よし
正面《しょうめん》から
乗《の》り込《こ》もう
ここで
待《ま》ってろ
えっ!?
カイのことだから
何《なに》か作戦《さくせん》があるの
かも……
あのーっ
あの――
スミマセーン
あ?
何《なん》だ
お前《まえ》
ス……スミマセン
お……
おトイレを
お借《か》りしたく
おじゃましました
トイレ?

お早《はや》くしないとおウンチが……
いちいち「お」は付《つ》けなくていい！
おウンチがお出《で》になってしまう……
裏《うら》にあるから早《はや》く行《い》ってこい!!
おありがとうございます～
前祝《まえいわ》いに一杯《いっぱい》やるか
おっ
いいねぇ
カイ…
あのバカ…
どこだ……
キョロ
キョロ
妹子《いもこ》さんの荷物《にもつ》は……
チョロロロロ
ん……？

チュー太郎《たろう》……
チュウ
案内《あんない》してくれるのか？
よし……!!
チュー
チュー
あれか!!

ごっくごっく
あのガキクソが長《なげ》えなあ
もれたんじゃねぇか?
お戻《もど》ってきた
お前《まえ》……そのケツは何《なん》だ
もっこり
──おじゃましました
ちょっと待《ま》て……

ヤボなこと
聞《き》かないでくださいよ……
もれたんですよ
いやいやいや
お前《まえ》どんだけクソでかいんだよ!!
ぽと・
あっ
…………

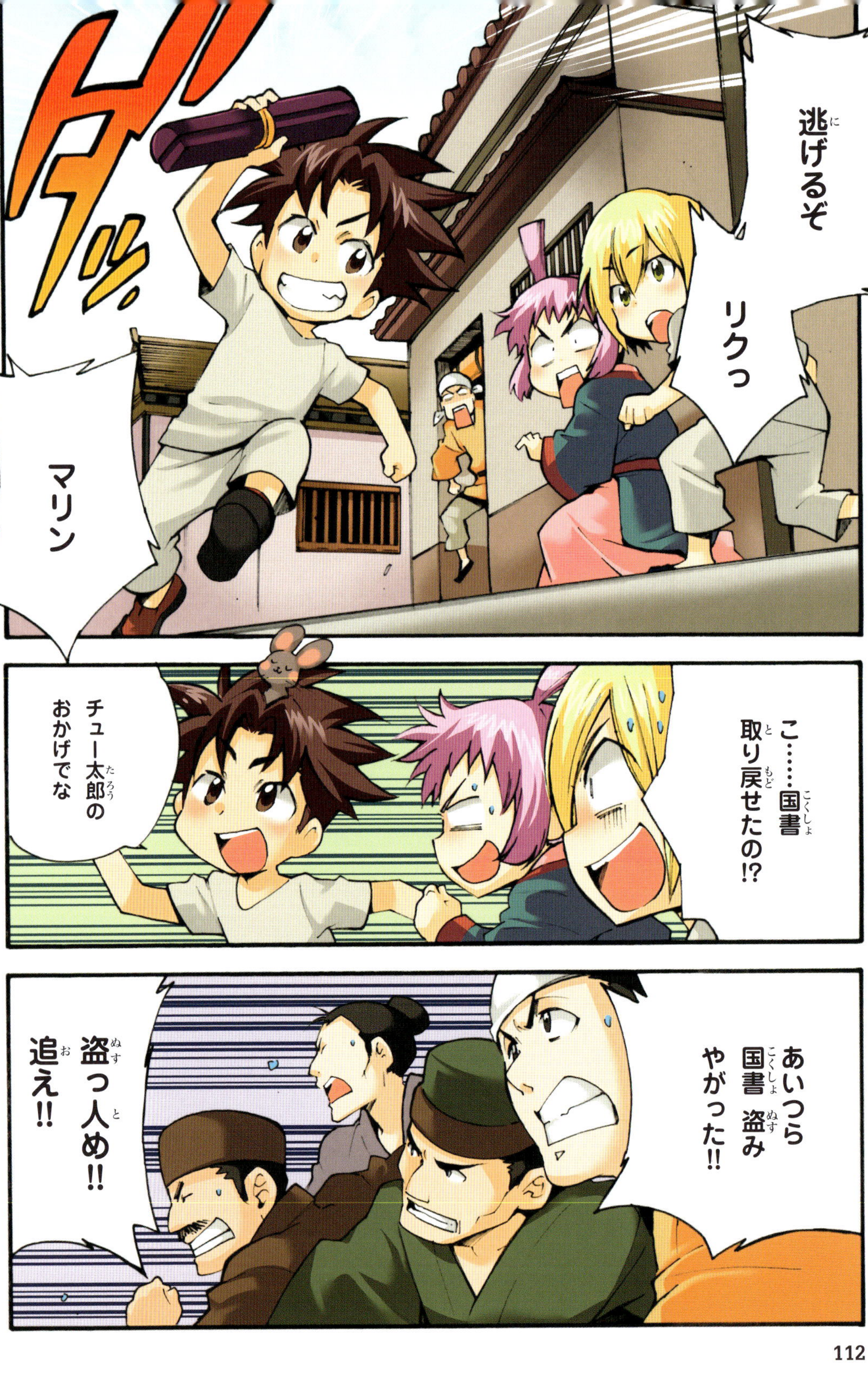
ダッ
逃《に》げるぞ
リクっ
マリン
こ……国書《こくしょ》
取《と》り戻《もど》せたの!?
チュー太郎《たろう》の
おかげでな
あいつら
国書《こくしょ》　盗《ぬす》み
やがった!!
盗《ぬす》っ人《と》め!!
追《お》え!!

どっちが盗《ぬす》っ人《と》だよ!!
ベーっ
ち ちょ……
はぁはぁ
ぼくは走《はし》るの苦手《にがて》……
ベしゃ
あう
あ……
ギリ
捕《つか》まえたぞ……
うう
リク……!!

ガブッ
ぶ
痛《いて》え!!
だっ
くそっ
大人《おとな》をコケにしやがって……
おまえら……ぜったい許《ゆる》さねぇぞ

あっ
しまった！
行《い》き止《ど》まり!!
ギラッ
くくく……
観念《かんねん》するんだな……

飛鳥《あすか》には、不思議《ふしぎ》なものがいっぱい！

① 謎《なぞ》につつまれた飛鳥《あすか》

飛鳥時代《あすかじだい》に都《みやこ》が置《お》かれていたのは、奈良県《ならけん》の飛鳥地方《あすかちほう》です。飛鳥《あすか》は、「大和三山《やまとさんざん》」と呼《よ》ばれる3つの美《うつく》しい山《やま》に囲《かこ》まれた地《ち》です。

飛鳥《あすか》には、古代《こだい》につくられた不思議《ふしぎ》な石造物《せきぞうぶつ》がたくさんあります。多《おお》くは厩戸皇子《うまやとのおうじ》よりあとの時代《じだい》、土木工事《どぼくこうじ》が大好《だいす》きだった斉明《さいめい》（皇極《こうぎょく》）天皇《てんのう》の時代《じだい》（今《いま》から約《やく》1350年前《ねんまえ》）につくられたものだと考《かんが》えられていますが、だれが何《なん》のためにつくったのかはいろんな説《せつ》があり、はっきりわかっていません。

天香久山《あまのかぐやま》
畝傍山《うねびやま》
耳成山《みみなしやま》
大和三山《やまとさんざん》
天香久山《あまのかぐやま》、畝傍山《うねびやま》、耳成山《みみなしやま》の総称《そうしょう》。日本初《にほんはつ》の本格的《ほんかくてき》な都《みやこ》・藤原京《ふじわらきょう》（694～710年《ねん》）は、この3つの山《やま》がつくる三角形《さんかくけい》の中心《ちゅうしん》に位置《いち》する

写真：橿原市

飛鳥散策《あすかさんさく》マップ

飛鳥川《あすかがわ》
飛鳥資料館《あすかしりょうかん》
明日香民俗資料館《あすかみんぞくしりょうかん》
飛鳥寺《あすかでら》
亀形石造物《かめがたせきぞうぶつ》
酒船石《さかふねいし》
岡寺《おかでら》
亀石《かめいし》
橘寺《たちばなでら》
石舞台古墳《いしぶたいこふん》

亀形石造物《かめがたせきぞうぶつ》
亀《かめ》の形《かたち》をした石造物《せきぞうぶつ》。亀《かめ》の鼻《はな》の穴《あな》から入《はい》った水《みず》が、しっぽから流《なが》れ出《で》るようになっている

亀石《かめいし》
亀《かめ》のように見《み》える大《おお》きな石《いし》。「今《いま》、南西《なんせい》を向《む》いている亀石《かめいし》が、西《にし》を向《む》いたとき、奈良盆地《ならぼんち》は泥沼《どろぬま》になってしまう」という言《い》い伝《つた》えがある

酒船石《さかふねいし》
石《いし》に掘《ほ》られた大小《だいしょう》のくぼみが溝《みぞ》でつながっている。酒造《さけづく》りに使《つか》われたと考《かんが》えられたことから名付《なづ》けられたが、本当《ほんとう》の使《つか》い道《みち》はわかっていない。水占《みずうらな》いに使《つか》ったという説《せつ》もある

写真:朝日新聞社(クレジットのないもの)

もの知《し》りコラム

時《とき》を知《し》るのは楽《らく》じゃない⁉
古代《こだい》の水時計《みずどけい》

復元《ふくげん》された水時計《みずどけい》
5つの水槽《すいそう》を、上《うえ》から水《みず》が移動《いどう》する。いちばん下《した》の水槽《すいそう》に一定量《いっていりょう》ずつ水《みず》が注《そそ》がれるしくみ。いちばん下《した》の水槽《すいそう》にたまった水《みず》の量《りょう》で、時間《じかん》を計《はか》ることができる

660年《ねん》、飛鳥《あすか》に日本《にほん》で初《はじ》めての水時計《みずどけい》がつくられたと記録《きろく》に残《のこ》されています。これは、中大兄皇子《なかのおおえのおうじ》が中国《ちゅうごく》の水時計《みずどけい》を参考《さんこう》につくらせたもの。中国《ちゅうごく》では、暦《こよみ》をつくり時刻《じこく》を知《し》らせるのは、皇帝《こうてい》の役目《やくめ》とされていました。中大兄皇子《なかのおおえのおうじ》も、中国《ちゅうごく》の皇帝《こうてい》のように時《とき》を支配《しはい》する力《ちから》を持《も》とうとしたのだといわれています。

＊鬼《おに》の俎《まないた》
昔《むかし》、旅人《たびびと》がこのあたりを通《とお》りかかると、鬼《おに》が霧《きり》を出《だ》して旅人《たびびと》を道《みち》に迷《まよ》わせ、つかまえて食《た》べたといわれている。その時《とき》、鬼《おに》が料理《りょうり》に使《つか》ったのが、この俎《まないた》だそう

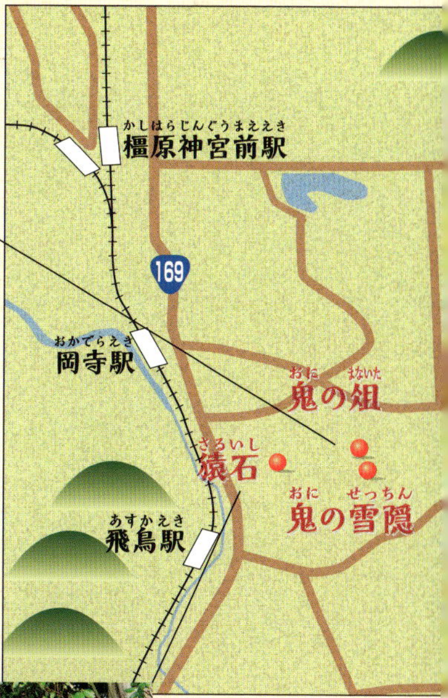

橿原神宮前駅《かしはらじんぐうまええき》
169
岡寺駅《おかでらえき》
鬼《おに》の俎《まないた》
猿石《さるいし》
鬼《おに》の雪隠《せっちん》
飛鳥駅《あすかえき》

鬼《おに》に料理《りょうり》されたくない‼

＊鬼《おに》の雪隠《せっちん》
雪隠《せっちん》はトイレのこと。言《い》い伝《つた》えでは、鬼《おに》がつかまえた旅人《たびびと》を鬼《おに》の俎《まないた》で料理《りょうり》し、おなかがいっぱいになったら、この雪隠《せっちん》で用《よう》を足《た》したという

猿石《さるいし》
天皇《てんのう》の墓《はか》の近《ちか》くから掘《ほ》り出《だ》されたもの。全部《ぜんぶ》で4体《たい》あり、そのうち3つには、裏《うら》にも顔《かお》がある

＊鬼《おに》の俎《まないた》は、もともとは古墳《こふん》の石室《せきしつ》の床石《ゆかいし》で、鬼《おに》の雪隠《せっちん》は石室《せきしつ》のふたの部分《ぶぶん》だったと考《かんが》えられている。この石室《せきしつ》は斉明天皇《さいめいてんのう》らの墓《はか》だったのではないかといわれている

8章《しょう》

皇帝《こうてい》、激怒《げきど》！ 絶体絶命《ぜったいぜつめい》の 大《だい》ピンチ！

ドサッ
?
みんな無事《ぶじ》か?
妹子《いもこ》さん!
やろう……
覚悟《かくご》しろ!!
バキ
ドスッ

ダッ
ア
ドシャ
アァ…
やったあー!!
妹子《いもこ》さんカッコイイ!!

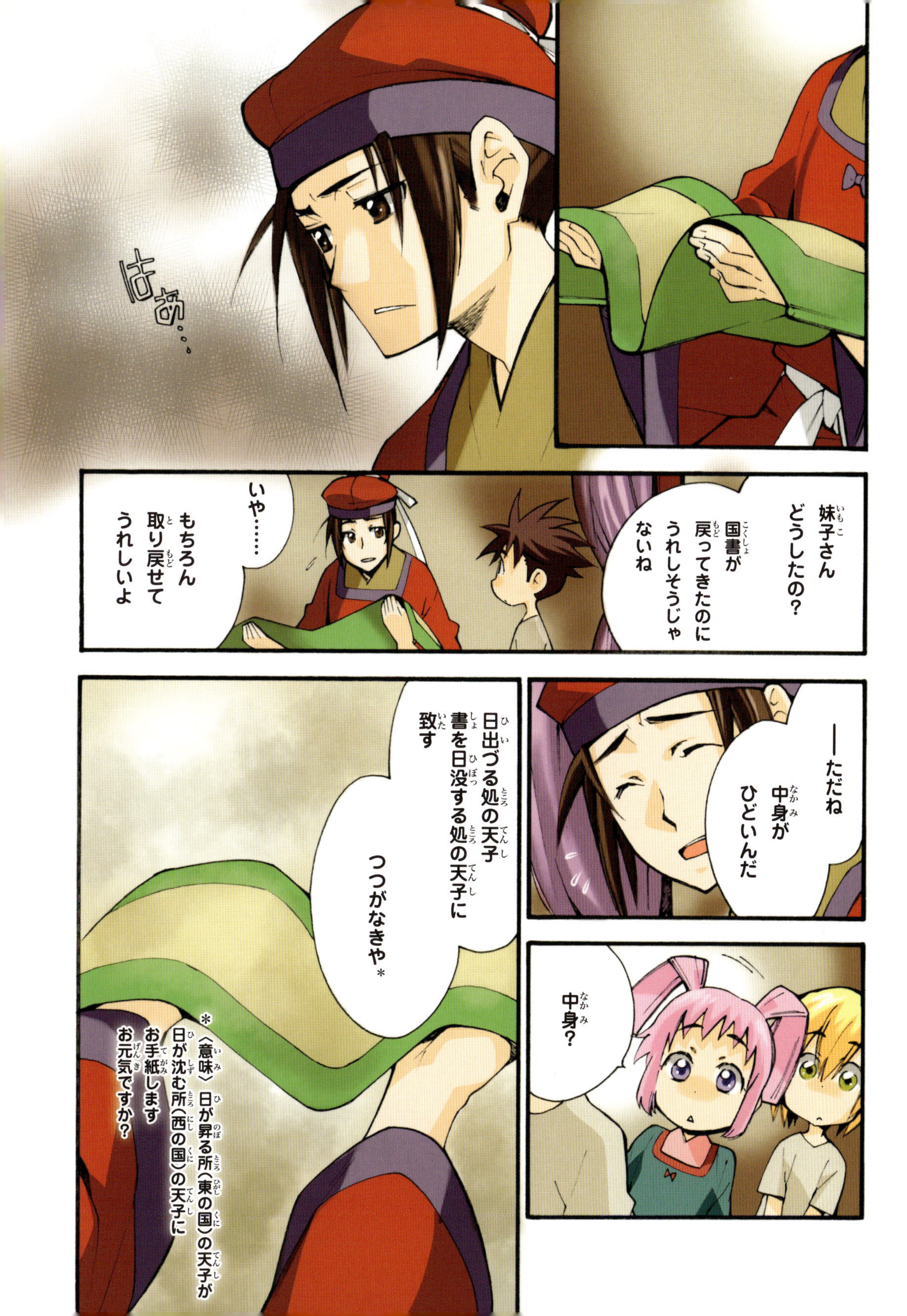
はあ。。。
妹子《いもこ》さん どうしたの? 国書《こくしょ》が戻《もど》ってきたのに うれしそうじゃないね
いや……
もちろん 取《と》り戻《もど》せて うれしいよ
―ただね 中身《なかみ》が ひどいんだ
日《ひ》出《い》づる処《ところ》の天子《てんし》 書《しょ》を日没《ひぼっ》する処《ところ》の天子《てんし》に 致《いた》す
つつがなきや＊
中身《なかみ》?
＊〈意味《いみ》〉日《ひ》が昇《のぼ》る所《ところ》(東《ひがし》の国《くに》)の天子《てんし》が 日《ひ》が沈《しず》む所《ところ》(西《にし》の国《くに》)の天子《てんし》に お手紙《てがみ》します お元気《げんき》ですか?

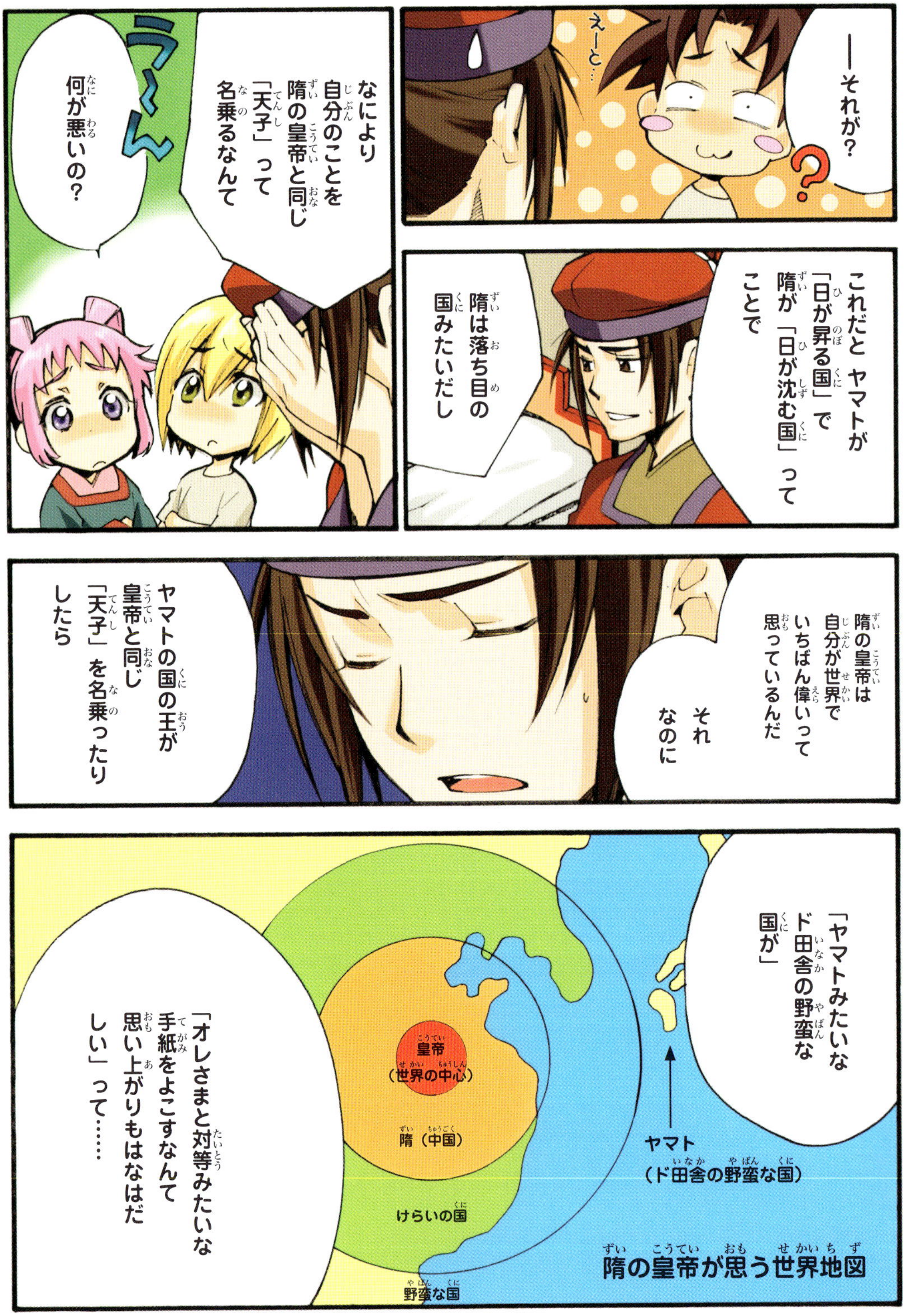
──それが？
えーと…
これだと ヤマトが「日《ひ》が昇《のぼ》る国《くに》」で隋《ずい》が「日《ひ》が沈《しず》む国《くに》」ってことで
隋《ずい》は落《お》ち目《め》の国《くに》みたいだし
なにより自分《じぶん》のことを隋《ずい》の皇帝《こうてい》と同《おな》じ「天子《てんし》」って名乗《なの》るなんて
う〜ん
何《なに》が悪《わる》いの？
隋《ずい》の皇帝《こうてい》は自分《じぶん》が世界《せかい》でいちばん偉《えら》いって思《おも》っているんだ
それなのに
ヤマトの国《くに》の王《おう》が皇帝《こうてい》と同《おな》じ「天子《てんし》」を名乗《なの》ったりしたら
「ヤマトみたいなド田舎《いなか》の野蛮《やばん》な国《くに》が」
「オレさまと対等《たいとう》みたいな手紙《てがみ》をよこすなんて思《おも》い上《あ》がりもはなはだしい」って……
皇帝《こうてい》（世界《せかい》の中心《ちゅうしん》）
隋《ずい》（中国《ちゅうごく》）
けらいの国《くに》
野蛮《やばん》な国《くに》
ヤマト（ド田舎《いなか》の野蛮《やばん》な国《くに》）
隋《ずい》の皇帝《こうてい》が思《おも》う世界地図《せかいちず》

激怒《げきど》されてもしょうがないんだよ……
最悪《さいあく》の場合《ばあい》
わたしたちは捕《と》らえられて殺《ころ》されるかもしれない……
――だから
ここからは君《きみ》たちと別々《べつべつ》に行動《こうどう》すべきだと……
やだ
――カイ……?
オレだってヤマトの人間《にんげん》だ
自分《じぶん》にはカンケーねぇなんて言《い》ってちゃダメなんだ!!
妹子《いもこ》さんがいなかったら
ぼくたちだって今《いま》ここにはいられなかったかも……

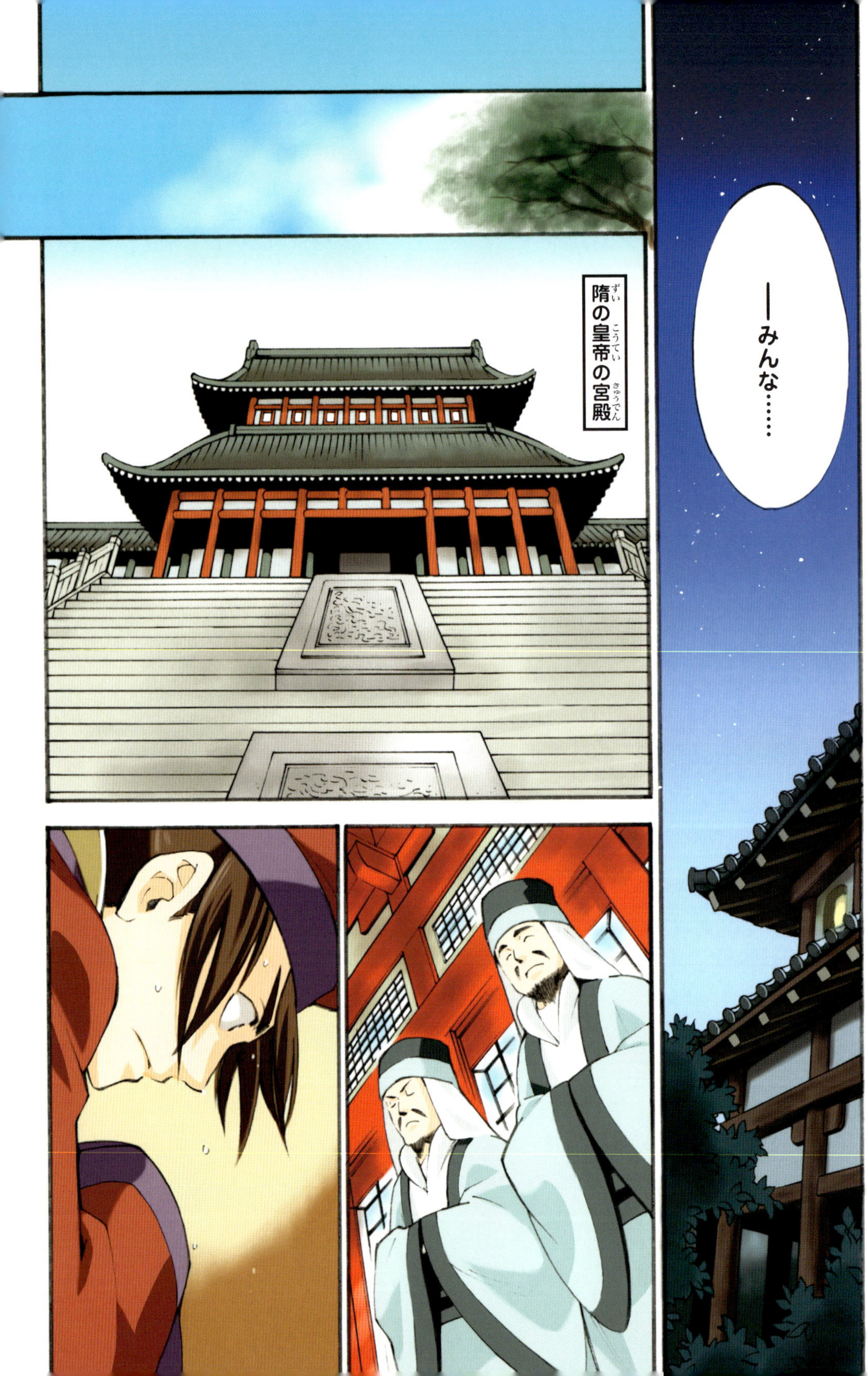
──みんな……
隋《ずい》の皇帝《こうてい》の宮殿《きゅうでん》

おのれぇえ……
ブルブル
なんと……
なんという無礼《ぶれい》な……
ワナワナ
ワナワナ
隋《ずい》の皇帝《こうてい》・煬帝《ようだい》

やれ!!

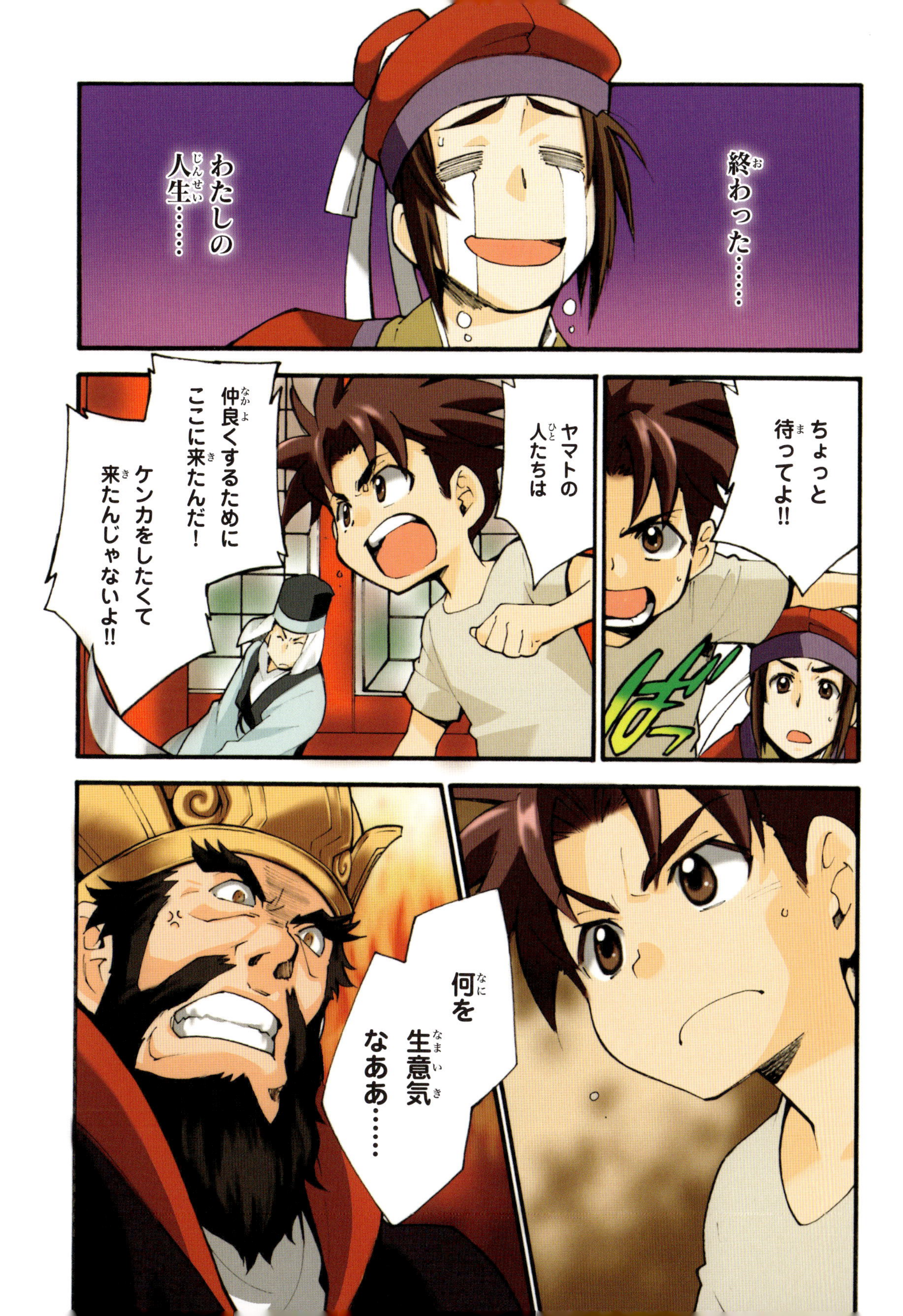
終《お》わった……
わたしの人生《じんせい》……
ちょっと待《ま》ってよ!!
ばっ
ヤマトの人《ひと》たちは
仲良《なかよ》くするためにここに来《き》たんだ!
ケンカをしたくて来《き》たんじゃないよ!!
何《なに》を生意気《なまいき》なああ……

ズラァ
覚悟《かくご》しろ……
待《ま》ってください
お父《とう》さま!!
その子《こ》は
先日《せんじつ》
街《まち》でゾウにおそわれた
わたしを助《たす》けて
くださった
命《いのち》の恩人《おんじん》
なのです!!

あ あの子《こ》は あの時《とき》の……
皇帝《こうてい》の娘《むすめ》さん だったんだ
陛下《へいか》……
わたしも彼《かれ》らと 旅《たび》をして 知《し》りました
なんと……
ヤマトの国《くに》の 者《もの》たちは まじめで……
ケンカ なんか せずに……
仲良《なかよ》く しなくてはと……
とても 誠実《せいじつ》であると いうことを……
裴世清《はいせいせい》さん

我《わ》が国《くに》は
礼節《れいせつ》を重《おも》んじる
国《くに》だ
礼《れい》を
言《い》う
ふん…
……
妹子《いもこ》どのに
わたしから
返書《へんしょ》を渡《わた》す
ヤマトに
持《も》ち帰《かえ》られよ
は……
はは――
やったあ!

あ……
どうした リク
カイ…… あれ!!
皇帝《こうてい》のうしろ……!!
あの時《とき》の亀《かめ》と同《おな》じ模様《もよう》だよ!!
これがどうかしたか?
皇帝《こうてい》!!
ぼくたちは未来《みらい》から来《き》ました
この模様《もよう》のある亀《かめ》に この時代《じだい》に飛《と》ばされたんです
なんと……
皇帝《こうてい》はすごい力《ちから》をお持《も》ちだと聞《き》きました
何《なに》か時《とき》を超《こ》える術《じゅつ》を知《し》りませんか!?

＊1　黄河《こうが》＝中国《ちゅうごく》を流《なが》れる大《おお》きな川《かわ》

＊2　治水工事《ちすいこうじ》＝洪水《こうずい》などを防《ふせ》ぐための工事《こうじ》

そんなある時《とき》
黄河《こうが》支流《しりゅう》の洛水《らくすい》という
川《かわ》に この模様《もよう》の亀《かめ》が
現《あらわ》れた
その亀《かめ》が見《み》つかったとたん
工事《こうじ》はうまくいき
それ以来《いらい》 黄河《こうが》では洪水《こうずい》が起《お》こらなくなった……という
ことだ
やっぱり……
あの亀《かめ》が特別《とくべつ》な力《ちから》を持《も》ってたんだ!
元《もと》の世界《せかい》に戻《もど》るには あの亀《かめ》を見《み》つけるしかなさそうだね……
あの時《とき》皇子《おうじ》が言《い》っていた3人《にん》の使者《ししゃ》とは……
亀《かめ》に乗《の》った3人《にん》の使者《ししゃ》が必《かなら》ず助《たす》けてくれる……
あっ
思《おも》い出《だ》した……

こいつも違《ちが》う……
ぽちゃん
どれも普通《ふつう》の亀《かめ》だ……
亀《かめ》が見《み》つからないと帰《かえ》れねーよ!!
それなら
わたしとともにヤマトに来《こ》ないか?
この旅《たび》がうまくいったのは君《きみ》たちのおかげだ
わたしたちが出会《であ》ったのは偶然《ぐうぜん》などではない
これからもわたしたちと一緒《いっしょ》にいてくれないか……

ーありがと!
ニッ
あ 妹子《いもこ》さんの上司《じょうし》ってのにも会《あ》ってみたいな!!
ああ
皇子《おうじ》の不思議《ふしぎ》な力《ちから》があれば 帰《かえ》れるかもしれないぞ
ほう……それは楽《たの》しみだ
?

煬帝《ようだい》が無礼《ぶれい》な国書《こくしょ》を許《ゆる》した本当《ほんとう》の理由《りゆう》

① 隋《ずい》の苦《くる》しい裏事情《うらじじょう》

小野妹子《おののいもこ》らの遣隋使《けんずいし》が来《き》た頃《ころ》、隋《ずい》の煬帝《ようだい》は、朝鮮《ちょうせん》半島北部《はんとうほくぶ》の国《くに》・高句麗《こうくり》と戦争《せんそう》をしようと準備《じゅんび》していました。煬帝《ようだい》は、日本《にほん》からの無礼《ぶれい》な国書《こくしょ》に激怒《げきど》しましたが、もしここで日本《にほん》を敵《てき》にまわし、日本《にほん》が高句麗《こうくり》と手《て》を組《く》むと、面倒《めんどう》なことになると考《かんが》えました。そこで、日本《にほん》の無礼《ぶれい》な国書《こくしょ》に目《め》をつぶり、国交《こっこう》を結《むす》ぶことにしたのだと考《かんが》えられています。

その後《ご》、煬帝《ようだい》は高句麗《こうくり》に3度《ど》、兵《へい》を送《おく》りましたが、征服《せいふく》することはできず、隋《ずい》の国力《こくりょく》を衰《おとろ》えさせる結果《けっか》になりました。

倭《わ》(日本《にほん》)
高句麗《こうくり》
隋《ずい》

隋《ずい》は 倭《わ》（日本《にほん》）を味方《みかた》につければ 高句麗《こうくり》を挟《はさ》み撃《う》ちにできると思《おも》ったのかも

もの知りコラム

煬帝《ようだい》は悪逆非道《あくぎゃくひどう》な皇帝《こうてい》だった！

煬帝《ようだい》は、歴史《れきし》の長《なが》い中国《ちゅうごく》でも、最《もっと》も悪名高《あくめいたか》き皇帝《こうてい》です。煬帝《ようだい》の悪逆《あくぎゃく》エピソードを紹介《しょうかい》します。

・父親《ちちおや》を殺《ころ》した！
兄《あに》の皇子《おうじ》を陰謀《いんぼう》でおとしいれ、父《ちち》の文帝《ぶんてい》を暗殺《あんさつ》して、自分《じぶん》が皇帝《こうてい》になった。

・民《たみ》を疲《つか》れさせた！
大運河《だいうんが》やぜいたくな宮殿《きゅうでん》の建設《けんせつ》、高句麗《こうくり》との戦争《せんそう》に民《たみ》をかりだし、苦《くる》しませた。

・最後《さいご》はけらいに殺《ころ》された！
信頼《しんらい》していた側近《そっきん》に裏切《うらぎ》られ暗殺《あんさつ》された。最後《さいご》に煬帝《ようだい》が「首謀者《しゅぼうしゃ》はだれだ!?」と暗殺者《あんさつしゃ》たちに聞《き》いたら、「天下《てんか》の人全員《ひとぜんいん》です」と言《い》われた。

わたしだって
いいことも
してるんだ
けどな……

煬帝《ようだい》（中央《ちゅうおう》）
写真：Corbis/VCG via Getty Images

② 無礼《ぶれい》な国書《こくしょ》に隠《かく》された厩戸皇子《うまやとのおうじ》のねらいとは？

昔《むかし》の中国《ちゅうごく》は、「冊封体制《さくほうたいせい》」という独特《どくとく》の外交関係《がいこうかんけい》をとっていました。中国《ちゅうごく》の近《ちか》くにある国《くに》が、中国《ちゅうごく》の臣下《しんか》（けらい）として仕《つか》えることで、中国《ちゅうごく》はそれらの国《くに》を守《まも》るという関係《かんけい》です。日本《にほん》も、古《ふる》くは冊封体制《さくほうたいせい》に入《はい》っていましたが、厩《うまや》戸皇子《とのおうじ》の頃《ころ》の日本《にほん》は、昔《むかし》のように冊封体制《さくほうたいせい》に入《はい》りたくありませんでした。朝鮮半島南部《ちょうせんはんとうなんぶ》の国《くに》・百済《くだら》や新羅《しらぎ》との関係《かんけい》があったからです。百済《くだら》や新羅《しらぎ》は、すでに隋《ずい》の冊封体制《さくほうたいせい》に入《はい》り、隋《ずい》の臣下《しんか》になっていました。ここで、日本《にほん》が隋《ずい》に対《たい》等《とう》だと認《みと》められれば、百済《くだら》や新羅《しらぎ》より優位《ゆうい》に立《た》てると考《かんが》えたのです。

厩戸皇子《うまやとのおうじ》らは、隋《ずい》が高句麗《こうくり》との戦争《せんそう》を準備《じゅんび》しているという情報《じょうほう》をキャッチし、「今《いま》なら無礼《ぶれい》な国書《こくしょ》を出《だ》しても、煬帝《ようだい》は受《う》け入《い》れるに違《ちが》いない」と考《かんが》えたのかもしれませんね。

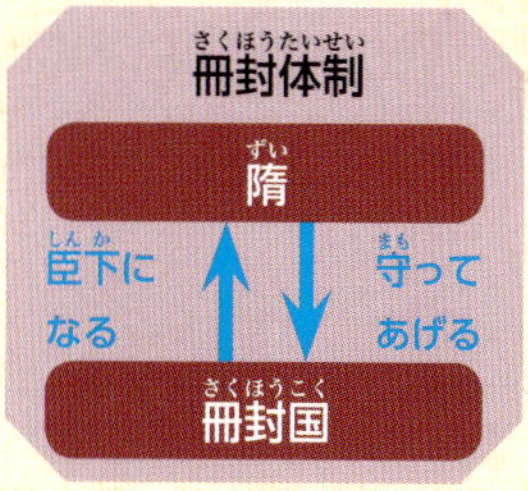
冊封体制《さくほうたいせい》
隋《ずい》
臣下《しんか》になる
守《まも》ってあげる
冊封国《さくほうこく》

高句麗《こうくり》
新羅《しらぎ》
百済《くだら》
倭《わ》
飛鳥《あすか》
黄河《こうが》
隋《ずい》
長江《ちょうこう》
0
500㎞
7世紀初《せいきはじ》めの東《ひがし》アジア

もの知《し》りコラム

亀《かめ》の模様《もよう》の秘密《ひみつ》

中国《ちゅうごく》には、今《いま》から約《やく》4千年前《せんねんまえ》に、のちに夏《か》という王朝《おうちょう》をつくる禹《う》が、背中《せなか》に不思議《ふしぎ》な模様《もよう》のある亀《かめ》を見《み》つけたという伝説《でんせつ》があります。この模様《もよう》の丸《まる》の数《かず》を数字《すうじ》になおしてみると、左下《ひだりした》の図《ず》のようになり、縦《たて》・横《よこ》・斜《なな》めのどの列《れつ》を足《た》しても、答《こた》えは15です。このような数字《すうじ》の配列《はいれつ》を「魔方陣《まほうじん》」と呼《よ》びます。魔方陣《まほうじん》は神秘的《しんぴてき》な力《ちから》を持《も》つとされ、世界《せかい》中《じゅう》でお守《まも》りや魔《ま》よけに使《つか》われてきました。

縦《たて》・横《よこ》・斜《なな》めどの列《れつ》を足《た》しても15になる！
4 9 2
3 5 7
8 1 6

9章《しょう》 さらば、隋《ずい》 いざ、ヤマトへ 出航《しゅっこう》だ！

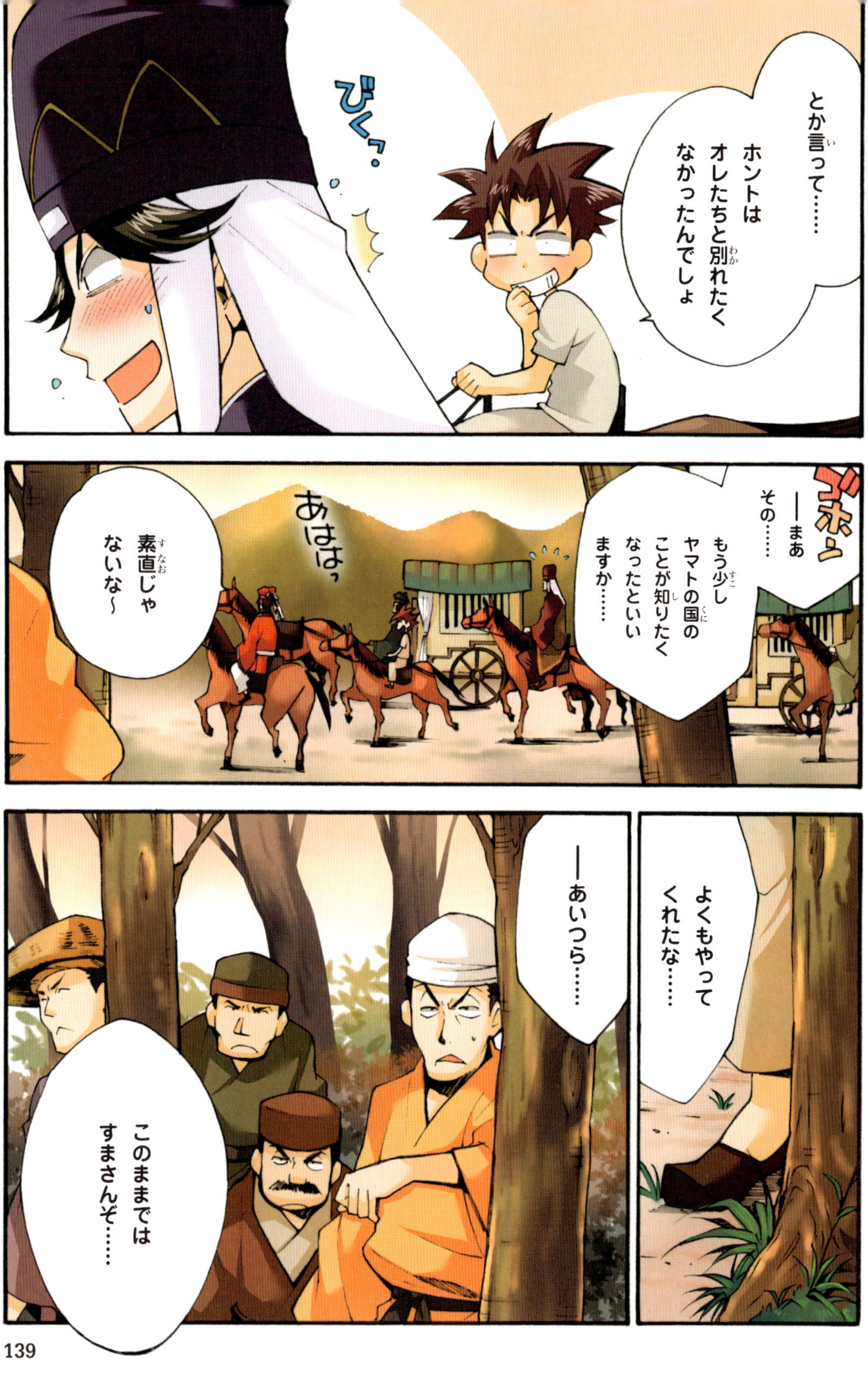
とか言《い》って……
ホントはオレたちと別《わか》れたくなかったんでしょ
びくっ
ゴホン
──まあその……
もう少《すこ》しヤマトの国《くに》のことが知《し》りたくなったといいますか……
あははっ
素直《すなお》じゃないな～
よくもやってくれたな……
──あいつら……
このままではすまさんぞ……

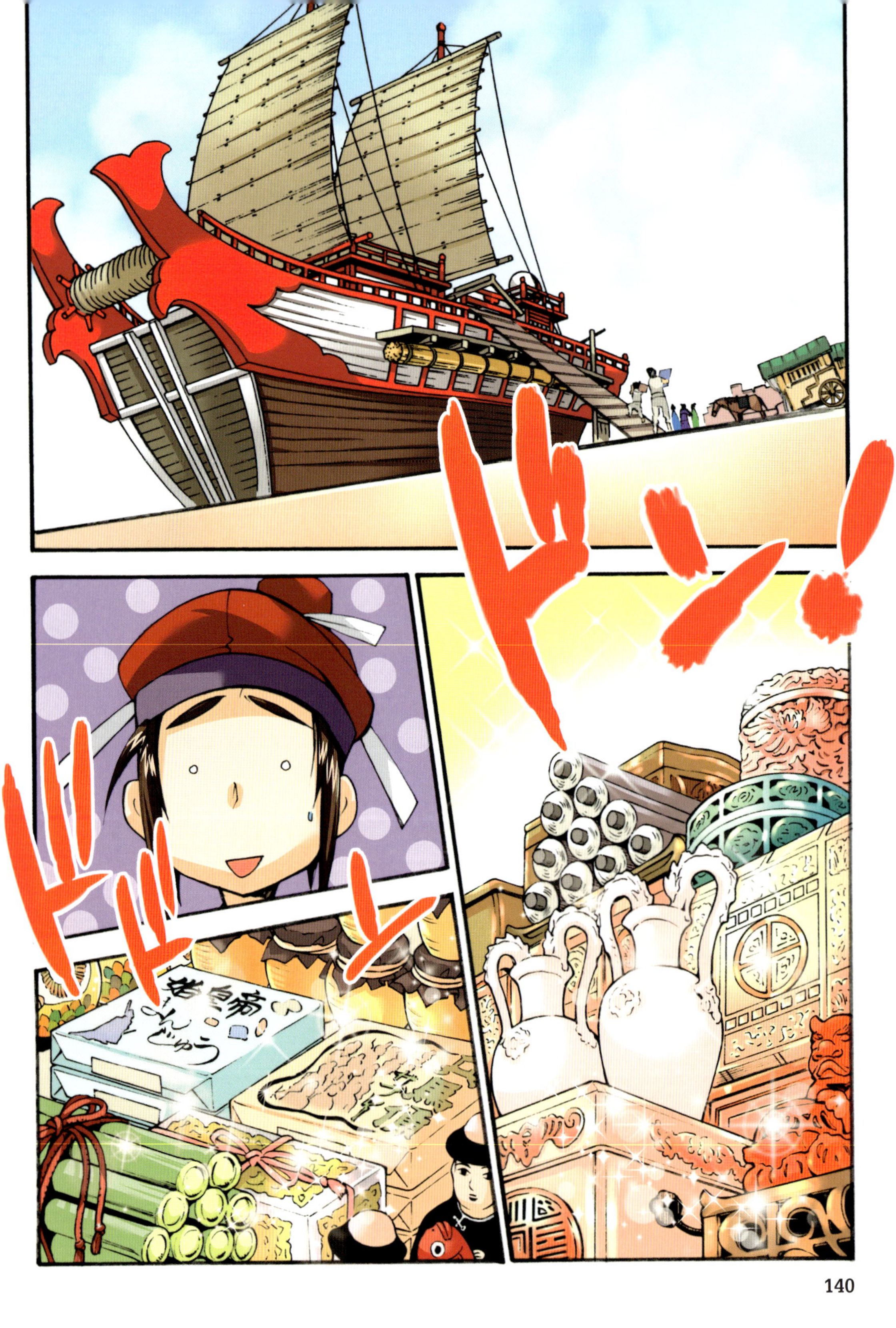
ドン!
ドドン

はい次《つぎ》
皆《みな》で手分《てわ》けして運《はこ》んで……
すごい量《りょう》の隋《ずい》土産《みやげ》…
マリン様《さま》……ご無事《ぶじ》でよかった……
船《ふね》の手入《てい》れはおこたらなかった?
すっかりマリンは女神《めがみ》さま気分《きぶん》だな
フン……
出航《しゅっこう》!!

──はあ……
隋《ずい》の地《ち》ともお別《わか》れか……
あとはこの返書《へんしょ》をヤマトに持《も》って帰《かえ》れば……
ごそ…
まさか…
ばばば
ばば
なーーい!!
またですか…
何《なに》か心《こころ》あたりとかないんですか……?
そういえば……
はっ!
お荷物《にもつ》たいへんそうですね
お手伝《てつだ》いしましょう

これはどうもご親切《しんせつ》に……
いえいえ〜〜
あいつらだ……!!
こんなことが隋《ずい》に知《し》れたら……
わかってる!! ぜったい裴世清《はいせいせい》さんには言《い》わないよ!
ぎょっ
――どうかしましたか?
だいじょうぶ!! 返書《へんしょ》をなくしてなんかいないよ!!
カーーイ
?

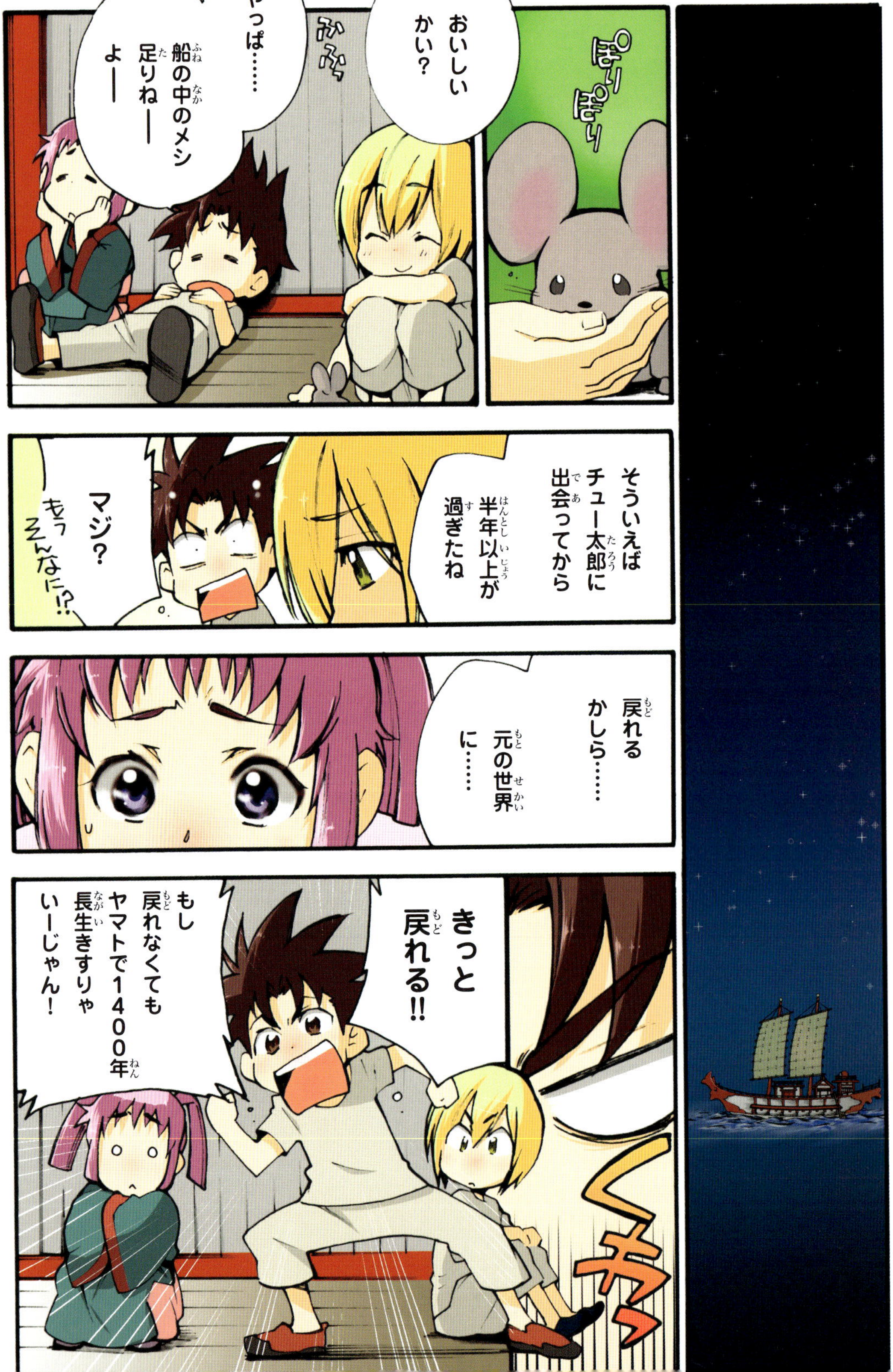
ぽりぽり
おいしいかい?
ふふっ
やっぱ……船《ふね》の中《なか》のメシ足《た》りねーよーー
そういえばチュー太郎《たろう》に出会《であ》ってから半年《はんとし》以上《いじょう》が過《す》ぎたね
マジ?
もうそんなに!?
戻《もど》れるかしら……元《もと》の世界《せかい》に……
きっと戻《もど》れる!!
もし戻《もど》れなくてもヤマトで1400年《ねん》長生《ながい》きすりゃいーじゃん!
くわっ

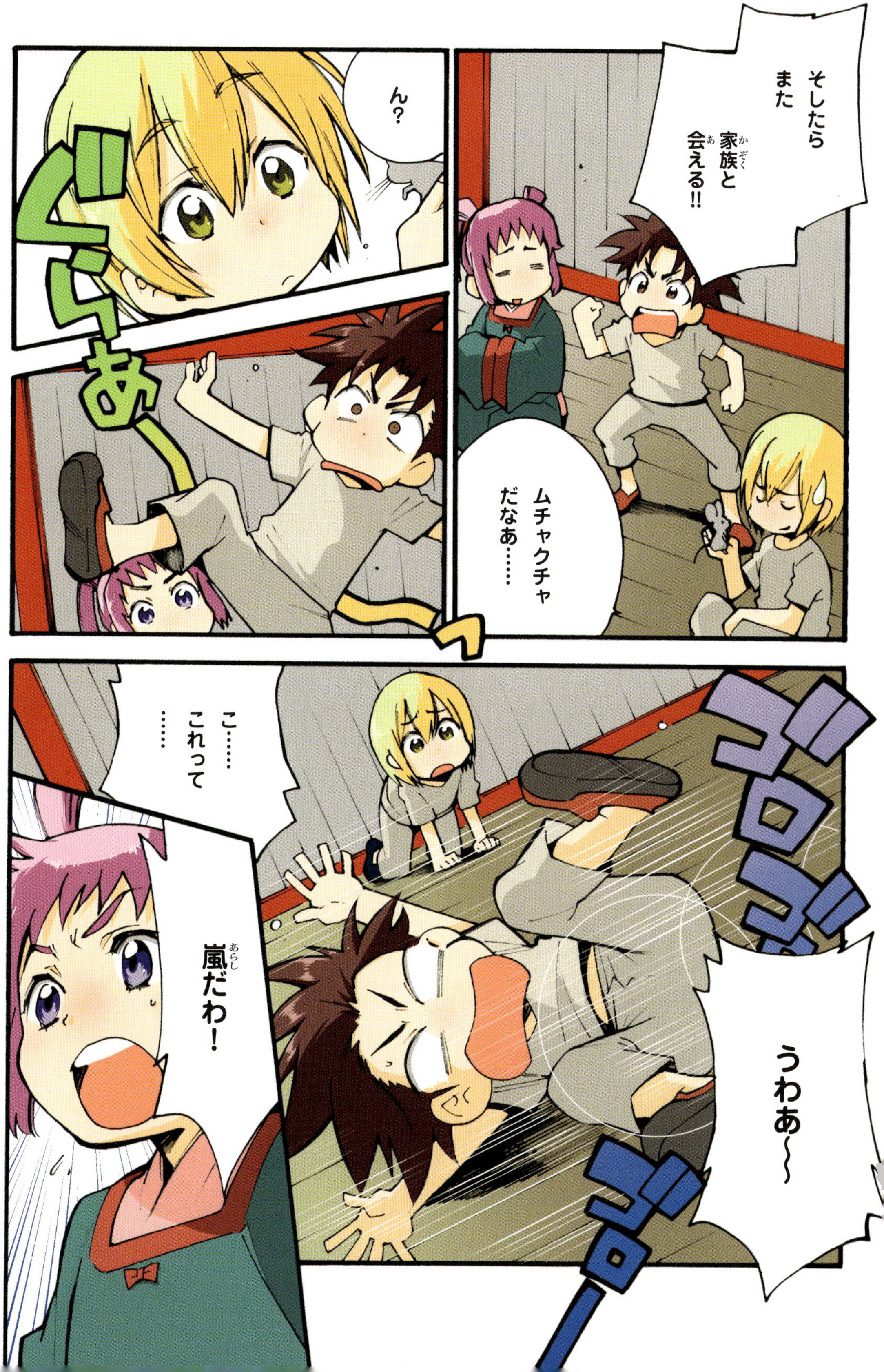
そしたら また 家族《かぞく》と 会《あ》える!!
ムチャクチャ だなあ……
ん?
ぐらぁ〜
ゴロゴ
ゴロ
うわあ〜
こ…… これって ……
嵐《あらし》だわ!

だんっ
おい!!
一緒《いっしょ》に来《こ》い
きゃあ!
何《なに》すんのよ!!
そこの女《おんな》……
わ……
わたし?
親方《おやかた》!
ちょっとマリンに何《なに》すんだよ!!
この嵐《あらし》は船《ふね》の女神《めがみ》さまが怒《おこ》っておられる証拠《しょうこ》……
こいつはニセ女神《めがみ》
だから本物《ほんもの》の女神《めがみ》がお怒《いか》りなのだ
きゃ――!!
ザパーン

ちょよ…
神《かみ》の怒《いか》りを しずめるためには
こいつを いけにえに 捧《ささ》げなくては ならない!!
ブツ
やめろよ!!
なんでマリンを いけにえなんかに するんだよ!!
いけにえなんて 迷信《めいしん》でしょ!
妹子《いもこ》さん 止《と》めてよ
—いけにえは 嵐《あらし》の時《とき》の昔《むかし》からの ならわしだ……
—だが……

妹子《いもこ》さまは
この船《ふね》が沈《しず》んで
しまっても
いいんですか!?
子《こ》どもひとりが
死《し》ぬのと
船《ふね》が沈《しず》んで
全員《ぜんいん》が死《し》ぬの
どっちを選《えら》ぶん
ですか!?
わ……
わたしは……
いたあーー
ヤマトの国《くに》は
災害《さいがい》の時《とき》
みんなで乗《の》り切《き》るんじゃ
なかったのかよ!!
カイ……
フッ… いけにえを
信《しん》じているなんて
やはりヤマトは
野蛮《やばん》な国《くに》です……

ヤマトの人々《ひとびと》を見込《みこ》んだわたしが間違《まちが》っていたようだ
裴世清《はいせいせい》さん……
勝手《かって》に乗《の》ってきて失望《しつぼう》してんじゃねぇよ
これがオレたちのやり方《かた》だ!!
はは～ん……あなた……
この嵐《あらし》を乗《の》り切《き》る自信《じしん》がないんですね
つまりはヤマトの船乗《ふなの》りは腕《うで》が未熟《みじゅく》ってことですねぇ
はっはっは
なんだとおおおー!!
上等《じょうとう》だあ!
オレたちの技術《ぎじゅつ》……
たっぷりみせてやるぜ!!
助《たす》かった…

やろうどもオオ!!
帆《ほ》をおろせぇ
波《なみ》を切《き》る方向《ほうこう》に
舳先《へさき》を向《む》けるんだ
それから
皆《みな》縄《なわ》で体《からだ》と船《ふね》を
しばって固定《こてい》……
船《ふね》が流《なが》されないよう
櫓《ろ》をこぐんだ!!

だめだ……
はあ
はあ
立《た》ってられないよ……
ドタ
波《なみ》が強《つよ》すぎる……!!
あきらめんな!!
みんな……
生《い》きて……
生《い》きて未来《みらい》へ帰《かえ》るんだ!!

遣隋使《けんずいし》は、その後《ご》も続《つづ》いたの？

① 裴世清《はいせいせい》が日本《にほん》にやってきた！

607年《ねん》に隋《ずい》に渡《わた》った小野妹子《おののいもこ》ら遣隋使《けんずいし》は、翌年《よくねん》4月《がつ》に日本《にほん》に戻《もど》りました。その時《とき》、隋《ずい》からの使者《ししゃ》として、裴世清《はいせいせい》も一緒《いっしょ》に日本《にほん》にやってきました。

隋《ずい》の使者《ししゃ》がやってくると聞《き》いた朝廷《ちょうてい》の人々《ひとびと》は大慌《おおあわ》て。裴世清《はいせいせい》を宿泊《しゅくはく》させるための館《やかた》を大急《おおいそ》ぎで新築《しんちく》し、遣隋使《けんずいし》一行《いっこう》が着《つ》く難波《なにわ》（大阪府《おおさかふ》）の港《みなと》では、飾《かざ》りを立《た》てた30隻《せき》の船《ふね》で盛大《せいだい》に出迎《でむか》えました。

約半年後《やくはんとしご》の608年《ねん》の9月《がつ》、裴世清《はいせいせい》を送《おく》るため、妹子《いもこ》は再《ふたた》び隋《ずい》に渡《わた》りました。その時《とき》、8人《にん》の留学生《りゅうがくせい》（僧《そう》）らを連《つ》れていきました。翌年《よくねん》に妹子《いもこ》がヤマトへ戻《もど》ったのちも、留学生《りゅうがくせい》らは裴世清《はいせいせい》に、ずいぶん面倒《めんどう》を見《み》てもらったようです。

ハイセーセーさん
けっこう
いい人《ひと》じゃん

そりゃあ もう
我《わ》が国《くに》をバカにされて
なるものかと
全力《ぜんりょく》でもてなし
ましたとも！

飛鳥時代《あすかじだい》のキーパーソン 3

隋《ずい》のエリート外交官《がいこうかん》

裴世清《はいせいせい》

★生没年《せいぼつねん》6世紀後半《せいきこうはん》～7世紀前半頃《せいきぜんはんごろ》

隋《ずい》の外交官《がいこうかん》。隋《ずい》では、外国使節《がいこくしせつ》を接待《せったい》する職《しょく》についており、国際情勢《こくさいじょうせい》に詳《くわ》しかった。618年《ねん》に隋《ずい》が滅《ほろ》んだのちは、唐《とう》に仕《つか》えた。

②その後《ご》も続《つづ》いた遣唐使《けんとうし》

隋《ずい》が滅《ほろ》んで唐《とう》が建国《けんこく》されてからも、遣唐使《けんとうし》としてたくさんの日本人《にほんじん》が中国《ちゅうごく》へ渡《わた》りました。平安時代《へいあんじだい》の894年《ねん》に中止《ちゅうし》されるまで、遣隋使《けんずいし》・遣唐使《けんとうし》あわせて、20回以上派遣《かいいじょうはけん》されました。

航海《こうかい》は危険《きけん》をきわめ、遣唐使《けんとうし》として送《おく》られた40隻《せき》のうち、3割《わり》にあたる12隻《せき》が遭難《そうなん》したほどでした。しかし、遣唐使《けんとうし》や留学生《りゅうがくせい》たちは、最先端《さいせんたん》の文化《ぶんか》を学《まな》びたい一心《いっしん》で危険《きけん》をおかしてでも唐《とう》へと渡《わた》ったのでしょう。

唐《とう》の文化《ぶんか》を学《まな》んで帰国《きこく》した人々《ひとびと》は、日本《にほん》に戻《もど》ると重要《じゅうよう》な地位《ちい》につき、さまざまな分野《ぶんや》で活躍《かつやく》しました。

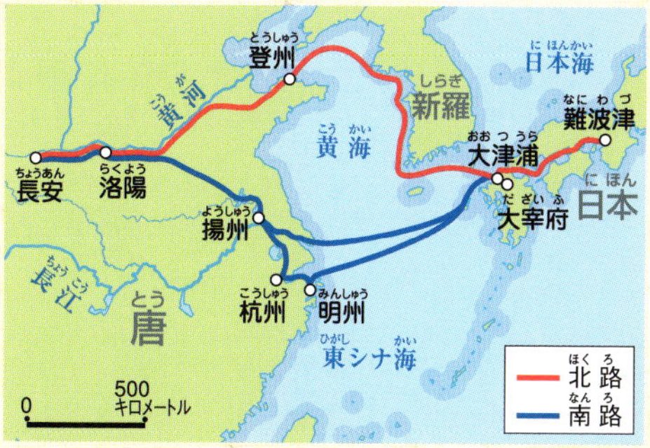

遣唐使船《けんとうしせん》の航路《こうろ》
最初《さいしょ》の頃《ころ》は、陸沿《りくぞ》いで、風《かぜ》や海流《かいりゅう》に乗《の》って安全《あんぜん》に航海《こうかい》できる北路《ほくろ》をとっていた。しかし新羅《しらぎ》との仲《なか》が悪《わる》くなると、大《たい》海《かい》を横切《よこぎ》る危険《きけん》な南路《なんろ》をとるようになり、多《おお》くの船《ふね》が遭難《そうなん》した

もの知《し》りコラム

唐《とう》で大出世《だいしゅっせ》した遣唐使《けんとうし》
阿倍仲麻呂《あべのなかまろ》

717年《ねん》、遣唐使船《けんとうしせん》で唐《とう》に渡《わた》った阿倍仲麻呂《あべのなかまろ》は、世界史上《せかいしじょう》、最《もっと》も難《むずか》しいといわれる中国《ちゅうごく》の試験《しけん》・科挙《かきょ》に合格《ごうかく》しました。科挙《かきょ》は、役人《やくにん》になるための試験《しけん》で、合格率《ごうかくりつ》はわずか1%。仲麻呂《なかまろ》は、この難関《なんかん》をみごと突破《とっぱ》して、外国人《がいこくじん》ながら唐《とう》の役人《やくにん》となり、皇帝《こうてい》のそばに仕《つか》えるほどの大出世《だいしゅっせ》をしました。仲麻呂《なかまろ》はあまりに皇帝《こうてい》に信頼《しんらい》されたため、日本《にほん》に帰《かえ》ることが許《ゆる》されませんでした。

50歳《さい》を過《す》ぎてようやく日本《にほん》に帰《かえ》ることになりましたが、乗《の》った船《ふね》が遭難《そうなん》し、ベトナムまで流《なが》されてしまいます。結局《けっきょく》、唐《とう》の都《みやこ》に戻《もど》り、その後《ご》も日本《にほん》に帰《かえ》ることはできず、唐《とう》で亡《な》くなります。

天《あま》の原《はら》　ふりさけ見《み》れば　春日《かすが》なる
三笠《みかさ》の山《やま》に　出《い》でし月《つき》かも

【意味《いみ》】
大空《おおぞら》をあおいで見《み》ると、美《うつく》しい月《つき》が出《で》ている。あの月《つき》は、わたしのふるさとの三笠山《みかさやま》に出《で》ていた月《つき》と同《おな》じ月《つき》だろう

阿倍仲麻呂《あべのなかまろ》が唐《とう》を出《で》る時《とき》に、日本《にほん》に帰《かえ》れると思《おも》ってよんだ歌《うた》

10章《しょう》 ふたたび 元《もと》の世界《せかい》へ!!

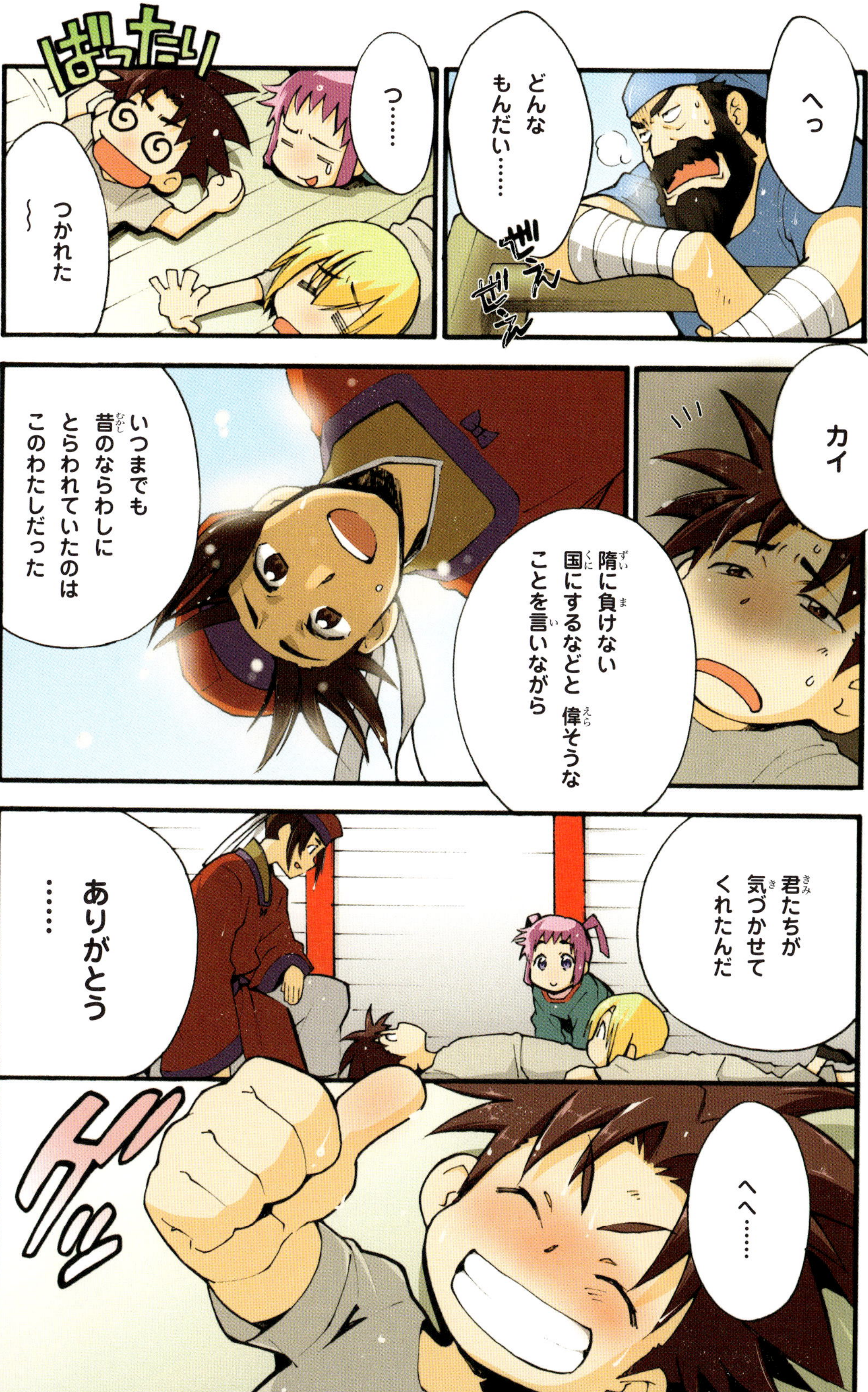
へっ
どんなもんだい……
ぱったり
つ……
つかれた～
カイ
隋《ずい》に負《ま》けない国《くに》にするなどと　偉《えら》そうなことを言《い》いながら
いつまでも昔《むかし》のならわしにとらわれていたのはこのわたしだった
君《きみ》たちが気《き》づかせてくれたんだ
ありがとう……
へへ……
グッ

さあ……
みんなで行《い》こうぜ
ヤマトへ……

チャプ…
カイ…未来《みらい》へじゃないの？

あの者《もの》たち……
だいぶ成長《せいちょう》したようだな……
そろそろ戻《もど》してやろうかの……
はぁ～～……しかし……
一時《いちじ》はどうなるかと思《おも》った……
ひょ
チュー
チュー
？
ん？
スイ

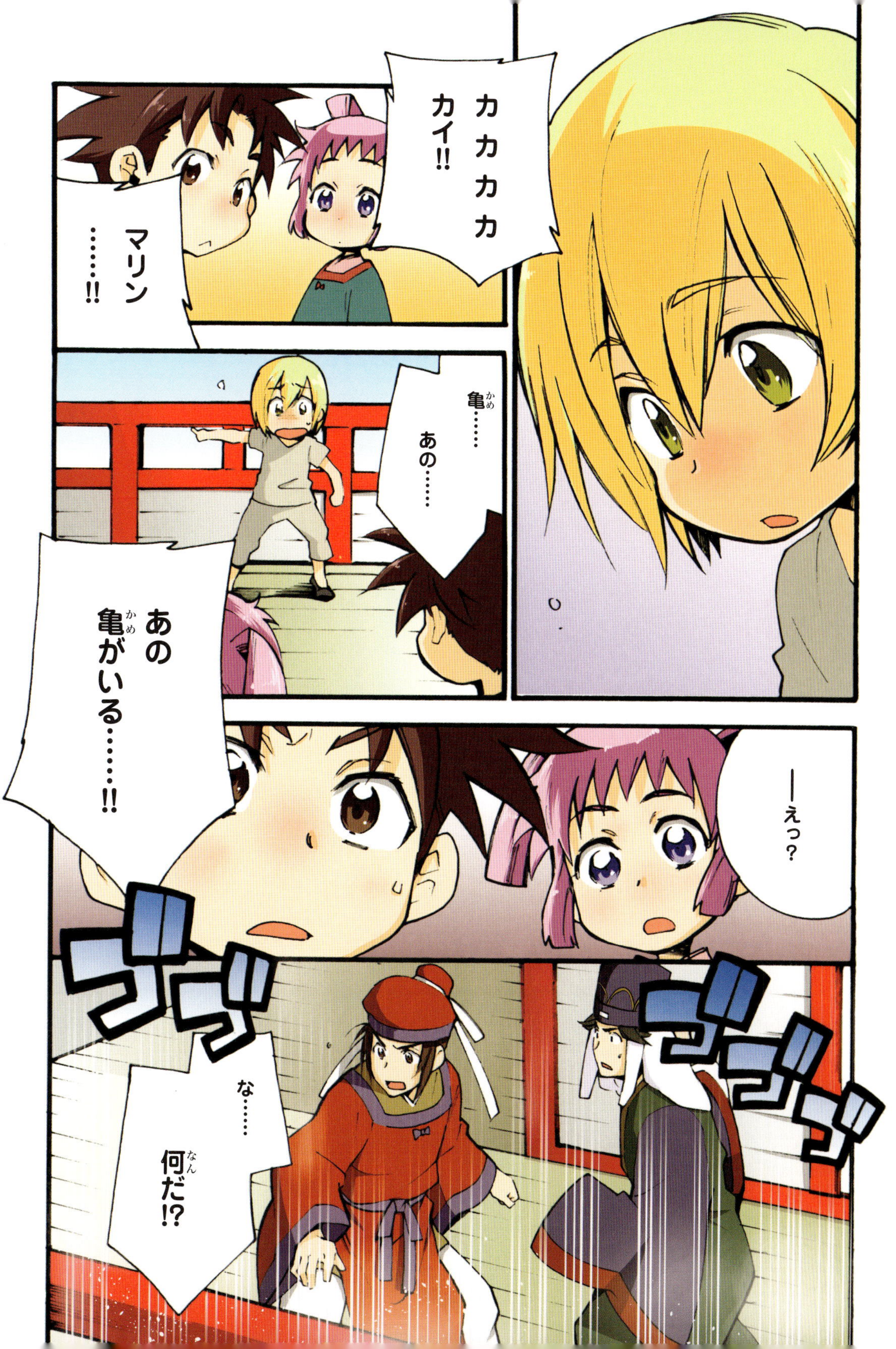
カカカカカイ!!
マリン……!!
亀《かめ》……あの……
あの亀《かめ》がいる……!!
—えっ?
ゴゴゴ
ゴゴ
な……何《なん》だ!?

船《ふね》が……
これはいったい……!!

ぎゃあああ〜
いやあぁ〜
ひぇぇぇ〜〜

竜巻《たつまき》が……!?
コンッ
いたっ

カイ……
マリン……
リク……

プク
プク
プカ〜!
はっ
あ……あれ……?
ここは?
ぷは
か亀《かめ》は?

チュウ・
ぼくたち船《ふね》に置《お》いていかれちゃった……？
ちょっとあなたたち!!
どこ行《い》ってたのよもーーっ
早《はや》く上《あ》がってらっしゃい!!

ホラ もう……
早《はや》くしないと
お肉《にく》が
こげちゃって……
——あら……

やだ この子《こ》たち……
何《なに》があったのかしら……
ちょっと マリン!! その服《ふく》どうしたの!?
キャーッ
リク!! どこでネズミ拾《ひろ》ってきたの!?

――それで……
子《こ》どもたちは空《そら》に消《き》えてしまったのです……
おそらく彼《かれ》らは未来《みらい》へ帰《かえ》れたのだろう
わたしがかつて見《み》てきた未来《みらい》へ
――そうですね
きっと……

彼《かれ》らの未来《みらい》に恥《は》じないよう
我々《われわれ》もよい国《くに》づくりを進《すす》めよう
ドキーッ
―で妹子《いもこ》隋《ずい》からの返書《へんしょ》は？

「飛鳥時代《あすかじだい》へタイムワープ」終《お》わり。

飛鳥《あすか》時代《じだい》から奈良《なら》時代《じだい》へ

①「大化《たいか》の改新《かいしん》」で天皇中心《てんのうちゅうしん》の国家《こっか》に

645年《ねん》、飛鳥時代《あすかじだい》に天皇《てんのう》をしのぐほどの権力《けんりょく》を持《も》っていた蘇我氏《そがし》を、天皇家《てんのうけ》の中大兄皇子《なかのおおえのおうじ》とけらいの中臣鎌足《なかとみのかまたり》が滅《ほろ》ぼしました（乙巳《いっし》の変《へん》）。その後《ご》、権力《けんりょく》を手《て》にした中大兄皇子《なかのおおえのおうじ》は、「大化《たいか》の改新《かいしん》」と呼《よ》ばれる改革《かいかく》をはじめました。主《おも》な内容《ないよう》は次《つぎ》のようなものです。

- 豪族《ごうぞく》らが支配《しはい》していた土地《とち》や民《たみ》を、すべて国《くに》のものとする（公地公民制《こうちこうみんせい》）。
- 戸籍《こせき》をつくり、それに基《もと》づき土地《とち》を与《あた》える。また、田《た》の収穫《しゅうかく》などから決《き》められた税《ぜい》を国《くに》におさめる（班田収受法《はんでんしゅうじゅほう》）。
- 地方《ちほう》を国《くに》・郡《ぐん》（評《ひょう》）・里《り》に分《わ》け、都《みやこ》を中心《ちゅうしん》とした政治《せいじ》の体制《たいせい》をつくる。

これらの制度《せいど》は、唐《とう》をお手本《てほん》にして律令《りつりょう》に基《もと》づいた国《くに》づくりを目指《めざ》したものです。律令《りつりょう》とは、律《りつ》（刑罰《けいばつ》のルール）と令《りょう》（政治《せいじ》や行政《ぎょうせい》のルール）からなる法典《ほうてん》で、現在《げんざい》の法律《ほうりつ》のようなものです。これらは、天皇《てんのう》を中心《ちゅうしん》とした国《くに》づくりを目的《もくてき》としてつくられました。

もの知《し》りコラム

隋《ずい》からの返書《へんしょ》をなくした 小野妹子《おののいもこ》はどうなった？

『日本書紀《にほんしょき》』によると、608年《ねん》、隋《ずい》からヤマトに戻《もど》った小野妹子《おののいもこ》は、推古天皇《すいこてんのう》に「皇帝《こうてい》からの返書《へんしょ》を百済《くだら》で盗《ぬす》まれました」と報告《ほうこく》しました。それを聞《き》いた推古天皇《すいこてんのう》のけらいたちは大激怒《だいげきど》。妹子《いもこ》を流刑《るけい》（都《みやこ》から遠《とお》く離《はな》れたへき地《ち》に送《おく》る刑《けい》）にしようとしました。しかし、推古天皇《すいこてんのう》は、「妹子《いもこ》を刑《けい》に処《しょ》したことを裴世清《はいせいせい》に知《し》られるとよくない」と言《い》って、妹子《いもこ》を許《ゆる》したそうです。

一説《いっせつ》には、本当《ほんとう》は盗《ぬす》まれたのではなく、返書《へんしょ》の内容《ないよう》が日本《にほん》を見下《みくだ》したものだったので、推古天皇《すいこてんのう》らがけらいに知《し》らせるわけにはいかないと考《かんが》え、妹子《いもこ》が盗《ぬす》まれたことにしたのではないかと考《かんが》える人《ひと》もいます。

妹子《いもこ》は、遣隋使当時《けんずいしとうじ》は、冠位十二階《かんいじゅうにかい》の第《だい》5階《かい》でしたが、最終的《さいしゅうてき》には最高位《さいこうい》の「大徳《だいとく》」まで出世《しゅっせ》したそうです。

②律令国家《りつりょうこっか》の完成《かんせい》

中大兄皇子《なかのおおえのおうじ》は、668年《ねん》に天智天皇《てんじてんのう》として即位《そくい》し、律令国家《りつりょうこっか》の完成《かんせい》を目指《めざ》して改革《かいかく》を続《つづ》けましたが、志《こころざし》半《なか》ばで亡《な》くなりました。その後《ご》は、弟《おとうと》の天武天皇《てんむてんのう》と娘《むすめ》の持統天皇《じとうてんのう》によって、改革《かいかく》は引《ひ》き継《つ》がれました。

そして701年《ねん》、天武《てんむ》・持統天皇《じとうてんのう》の孫《まご》にあたる文武《もんむ》天皇《てんのう》の時《とき》に、日本初《にほんはつ》の本格的《ほんかくてき》な律令《りつりょう》「大宝律令《たいほうりつりょう》」ができあがりました。ここに、古代日本《こだいにほん》の律令国家《りつりょうこっか》が完《かん》成《せい》したのです。

ところで、「天皇《てんのう》」は古《ふる》くは「大王《おおきみ》」と呼《よ》ばれていました。これを天皇《てんのう》という呼《よ》び名《な》にあらためたのが、天武天皇《てんむてんのう》だといわれています。また、「日本《にほん》」という国《くに》の名前《なまえ》が使《つか》われるようになったのも飛鳥時代《あすかじだい》です。これらの2つの呼《よ》び名《な》は、大宝律令《たいほうりつりょう》の中《なか》で正式《せいしき》に定《さだ》められたといわれています。

もの知《し》りコラム

古代日本最大《こだいにほんさいだい》のピンチ!
白村江《はくそんこう》で大惨敗《だいざんぱい》

中大兄皇子《なかのおおえのおうじ》が改革《かいかく》をすすめていた660年《ねん》、朝鮮半島《ちょうせんはんとう》では、唐《とう》と新羅《しらぎ》が手《て》を結《むす》び、百済《くだら》を滅《ほろ》ぼしました。しかし、生《い》き残《のこ》った百済《くだら》のけらいたちが、再《ふたた》び国《くに》をおこそうと、百済《くだら》と友好関係《ゆうこうかんけい》にあった日本《にほん》に、援軍《えんぐん》を要請《ようせい》したのです。

ここで百済《くだら》を見捨《みす》てれば、日本《にほん》は外交上《がいこうじょう》の信用《しんよう》を失《うしな》ううえに、百済《くだら》と貿易《ぼうえき》していた豪《ごう》族《ぞく》の反感《はんかん》も買《か》うでしょう。そこで、663年《ねん》、中大兄皇子《なかのおおえのおうじ》は、百済《くだら》の白村江《はくそんこう》に大軍《たいぐん》を送《おく》り込《こ》みました。結果《けっか》は大惨《だいざん》敗《ぱい》。唐《とう》と新羅《しらぎ》の連合軍《れんごうぐん》に、こてんぱんにやられてしまいました（白村江《はくそんこう》の戦《たたか》い）。

この戦《たたか》いに敗《やぶ》れたことで、日本《にほん》は唐《とう》から侵略《しんりゃく》される危険《きけん》を負《お》うことになりました。中《なか》大兄皇子《おおえのおうじ》が国《くに》の土台固《どだいがた》めを急《いそ》いだのは、このことが理由《りゆう》の1つだったのです。

白村江《はくそんこう》の戦《たたか》い

教《おし》えて!! 河合《かわい》先生《せんせい》

ぼくといっしょに、
タイムワープの冒険《ぼうけん》を振《ふ》り返《かえ》ろう。
マンガの裏話《うらばなし》や、時代《じだい》にまつわる
おもしろ話《ばなし》も紹介《しょうかい》するよ!

歴史研究家《れきしけんきゅうか》：河合《かわい》 敦《あつし》先生《せんせい》

1

飛鳥時代《あすかじだい》 ヒトコマ博物館《はくぶつかん》

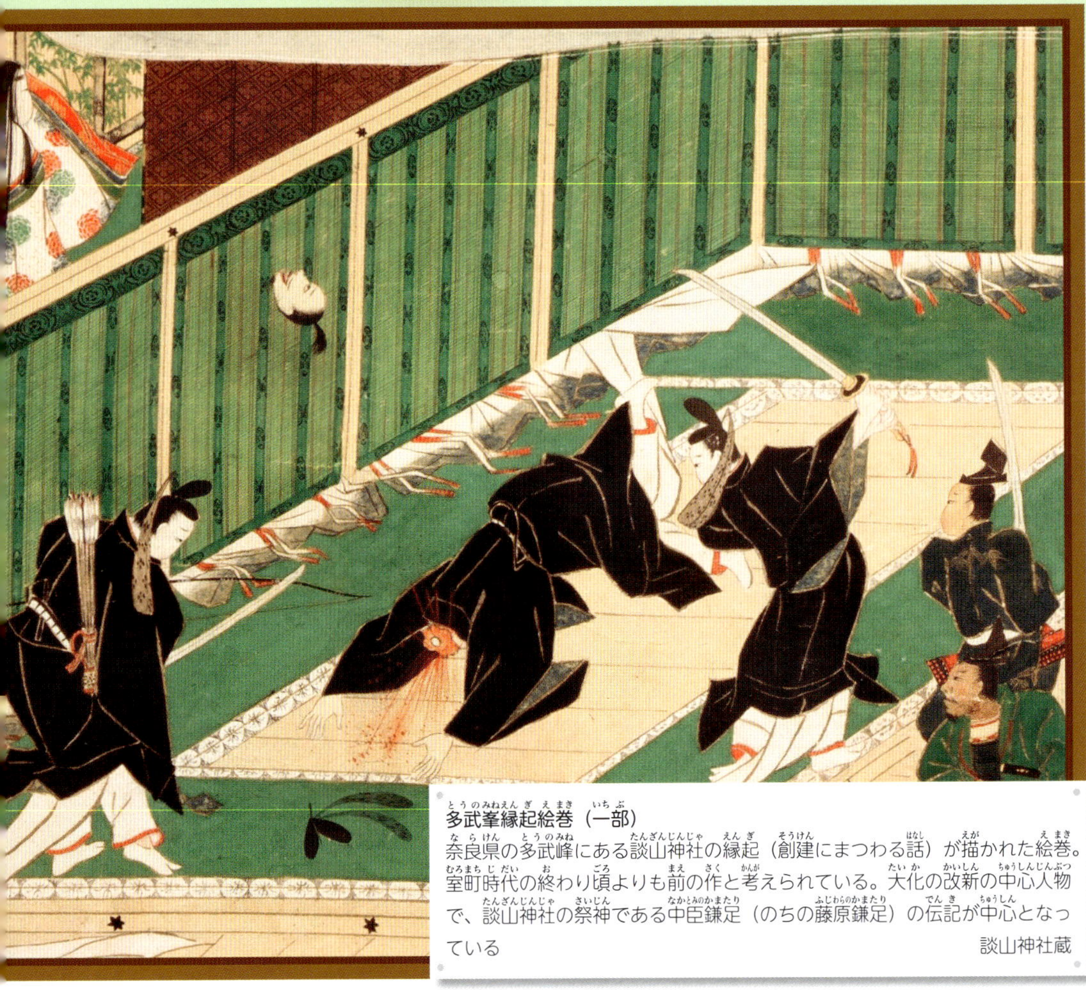

多武峯縁起絵巻《とうのみねえんぎえまき》（一部《いちぶ》）
奈良県《ならけん》の多武峰《とうのみね》にある談山神社《たんざんじんじゃ》の縁起《えんぎ》（創建《そうけん》にまつわる話《はなし》）が描《えが》かれた絵巻《えまき》。室町時代《むろまちじだい》の終《お》わり頃《ごろ》よりも前《まえ》の作《さく》と考《かんが》えられている。大化《たいか》の改新《かいしん》の中心人物《ちゅうしんじんぶつ》で、談山神社《たんざんじんじゃ》の祭神《さいじん》である中臣鎌足《なかとみのかまたり》（のちの藤原鎌足《ふじわらのかまたり》）の伝記《でんき》が中心《ちゅうしん》となっている

談山神社蔵

ゲゲッ!? 下《した》の絵《え》の中《なか》の人《ひと》! 首《くび》が飛《と》んでる?

わがまま放題《ほうだい》だった? 蘇我氏《そがし》が滅《ほろ》ぶ

河合先生《かわいせんせい》：この絵《え》は、「乙巳《いっし》の変《へん》」の様《よう》子《す》を描《えが》いたものだよ。剣《けん》をふるっているのが中大兄皇子《なかのおおえのおうじ》で、襲《おそ》われているのは、蘇我《そがの》入鹿《いるか》だね。

マリン：「いっしのへん」？ 変《へん》な言葉《ことば》ね〜。いったい何《なん》なの？

リク：マリン、170ページで見《み》たじゃない。天皇《てんのう》をないがしろにして、好《す》き勝手《かって》に政治《せいじ》をしていた蘇我氏《そがし》を、中大兄皇子《なかのおおえのおうじ》やけらいの中臣鎌足《なかとみのかまたり》たちがやっつけた事件《じけん》だよ。

カイ：悪者《わるもの》をやっつけたってわけか！ 中大兄皇子《なかのおおえのおうじ》は正義《せいぎ》のヒーローってわけだな。クーッ。かっこいい！

河合先生《かわいせんせい》：リク、よく覚《おぼ》えていたね。この事件《じけん》で飛鳥時代《あすかじだい》の初《はじ》めに大《おお》きな力《ちから》を持《も》っていた蘇我氏《そがし》は滅《ほろ》びたんだ。

リク：乙巳《いっし》の変《へん》のあと、中大兄皇子《なかのおおえのおうじ》たちが「大化《たいか》の改新《かいしん》」を始《はじ》めたんですよね？

悪《あく》が滅《ほろ》びて新《あたら》しい時代《じだい》が始《はじ》まったってわけね

じつは蘇我氏《そがし》は悪者《わるもの》じゃなかった?

河合先生《かわいせんせい》：でも、蘇我氏《そがし》は本当《ほんとう》は悪者《わるもの》ではなかったかもしれないよ。天皇《てんのう》をしのぐほどの大《おお》きな権力《けんりょく》を持《も》っていたのは確《たし》かだけれど、国《くに》の発展《はってん》のために、がんばって政《せい》治《じ》をしていたと思《おも》うんだ。

カイ：じゃあ何《なん》で悪役《あくやく》のように言《い》われてきたの？

河合先生《かわいせんせい》：乙巳《いっし》の変《へん》のあとに蘇我氏《そがし》を倒《たお》して権力《けんりょく》を握《にぎ》った人《ひと》たちが歴史書《れきししょ》を作《つく》った時《とき》に、のちの時代《じだい》の人《ひと》に、「自分《じぶん》たちのやったことは正《ただ》しかった」と思《おも》わせるために、蘇我氏《そがし》のことを実際《じっさい》以上《いじょう》に悪《わる》く書《か》いたからだと考《かんが》えられているよ。

マリン：なんか、蘇我氏《そがし》かわいそう……。

河合先生《かわいせんせい》：昔《むかし》は悪役《あくやく》のように思《おも》われていた蘇我氏《そがし》が見直《みなお》されてきているように、新《あたら》しい発見《はっけん》や、研究《けんきゅう》が進《すす》むことで、今《いま》までの評価《ひょうか》がガラリと変《か》わる歴史上《れきしじょう》の人物《じんぶつ》は、ほかにもけっこういるんだよ。

リク：歴史《れきし》の常識《じょうしき》が大《おお》きく変《か》わることもあるんですね。

飛鳥時代《あすかじだい》の芸術《げいじゅつ》はワールドワイド！

オレもワールドワイドに活躍《かつやく》するぜ！

飛鳥文化《あすかぶんか》の2つの特徴《とくちょう》

厩戸皇子《うまやとのおうじ》（聖徳太子《しょうとくたいし》）や小野妹子《おののいもこ》が活躍《かつやく》した飛鳥時代《あすかじだい》に生《う》まれた文化《ぶんか》を「飛鳥文化《あすかぶんか》」といいます。大《おお》きな特徴《とくちょう》は、次《つぎ》の2つです。

1 仏教《ぶっきょう》を中心《ちゅうしん》とした文化《ぶんか》

2 国際性豊《こくさいせいゆた》かな文化《ぶんか》

仏教《ぶっきょう》は、今《いま》から1500年《ねん》ほど前《まえ》の6世紀半《せいきなか》ばに、中国大陸《ちゅうごくたいりく》から朝鮮半島《ちょうせんはんとう》を経《へ》て日本《にほん》に伝《つた》わりました。この時《とき》、仏教《ぶっきょう》の教《おし》えだけでなく、寺院《じいん》の建築技術《けんちくぎじゅつ》や、仏像《ぶつぞう》のつくり方《かた》、仏教《ぶっきょう》の教《おし》えを表《あらわ》す絵《え》の描《か》き方《かた》なども入《はい》ってきました。こうした異国《いこく》の文化《ぶんか》が飛鳥文化《あすかぶんか》のもとになりました。

古代《こだい》ギリシャの影響《えいきょう》も受《う》けている？

日本《にほん》に入《はい》ってきた仏教《ぶっきょう》はインドで生《う》まれ、中国《ちゅうごく》で発展《はってん》したものです。

日本《にほん》が飛鳥時代《あすかじだい》の頃《ころ》の中国《ちゅうごく》は、遠《とお》くインドやヨーロッパからも文物《ぶんぶつ》がやってくる文化《ぶんか》の最先端国《さいせんたんこく》でした。中国《ちゅうごく》に入《はい》ってきた世界中《せかいじゅう》の文化《ぶんか》は、飛鳥文化《あすかぶんか》にも影響《えいきょう》を与《あた》えたと考《かんが》えられています。

飛鳥文化《あすかぶんか》の仏像《ぶつぞう》の特徴《とくちょう》に、**アルカイックスマイル**があります。これは古代《こだい》ギリシャの彫刻《ちょうこく》や、その影響《えいきょう》を受《う》けたインドの仏像《ぶつぞう》にも見《み》られます。また、法隆寺《ほうりゅうじ》に見《み》られる**エンタシスの柱《はしら》**は、古代《こだい》ギリシャ神殿《しんでん》の柱《はしら》に似《に》ているとも言《い》われます。さらに、飛鳥時代《あすかじだい》に流行《りゅうこう》した**唐草文様《からくさもんよう》**も、古代《こだい》エジプト、メソポタミア、そしてペルシャ*などの西《にし》アジアに起源《きげん》があるといわれています。

日本《にほん》
中国《ちゅうごく》
古代《こだい》ギリシャに起源《きげん》が？　なんてロマンチック！

＊ペルシャ＝現在《げんざい》のイラン

飛鳥文化発展《あすかぶんかはってん》のウラに血《ち》なまぐさい権力争《けんりょくあらそ》い！

飛鳥文化《あすかぶんか》の中心《ちゅうしん》である仏教《ぶっきょう》や寺院建築《じいんけんちく》などは、当時《とうじ》の日本《にほん》にとっては、最新《さいしん》の学問《がくもん》であり、最先端《さいせんたん》の技術《ぎじゅつ》でした。

いちはやく仏教《ぶっきょう》を取《と》り入《い》れようとしたのが、朝廷《ちょうてい》の実力者《じつりょくしゃ》である蘇我氏《そがし》でした。一方《いっぽう》、仏教《ぶっきょう》を取《と》り入《い》れることに反対《はんたい》したのが、蘇我《そが》氏《し》に劣《おと》らぬ実力《じつりょく》を持《も》つ、物部氏《もののべし》でした。物部氏《もののべし》は日本古来《にほんこらい》の宗教《しゅうきょう》（神道《しんとう》）を大事《だいじ》にすべきと主張《しゅちょう》し、蘇我氏《そがし》と対立《たいりつ》します。

587年《ねん》、両者《りょうしゃ》の対立《たいりつ》は、ついに戦争《せんそう》を引《ひ》き起《お》こします。蘇我氏《そがし》のリーダーである蘇我馬子《そがのうまこ》が、物《もの》部氏《のべし》を滅《ほろ》ぼそうとしたのです。

物部氏《もののべし》は激《はげ》しく抵抗《ていこう》しましたが、リーダーの守屋《もりや》が戦死《せんし》すると劣勢《れっせい》となり、ついには敗《やぶ》れてしまいました。この戦《たたか》いで、蘇我氏《そがし》の権力《けんりょく》を脅《おびや》かす者《もの》はいなくなりました。

ちなみに、この時《とき》14歳《さい》だった厩《うまや》戸皇子《とのおうじ》（聖徳太子《しょうとくたいし》）は、蘇我氏側《そがしがわ》で活躍《かつやく》しました。

異国《いこく》の仏教《ぶっきょう》より
わが国古来《くにこらい》の
文化《ぶんか》を大切《たいせつ》に
すべきなのだ！

物部守屋《もののべのもりや》（？～587年《ねん》）
物部氏《もののべし》は、主《おも》に軍事《ぐんじ》を司《つかさど》る豪族《ごうぞく》。朝廷内《ちょうていない》の権力《けんりょく》をめぐり、蘇我氏《そがし》と激《はげ》しく争《あらそ》った
国立国会図書館HPから

飛鳥文化《あすかぶんか》に見《み》られる国際性《こくさいせい》の例《れい》

アルカイックスマイル
アーモンド形《がた》の目《め》と、口元《くちもと》にうかんだほほえみが特徴《とくちょう》

▶飛鳥大仏《あすかだいぶつ》
飛鳥寺蔵

エンタシスの柱《はしら》
柱《はしら》の中《なか》ほどがふくらんでいるのが特徴《とくちょう》

◀法隆寺《ほうりゅうじ》の柱《はしら》

唐草文様《からくさもんよう》

▲唐草文様《からくさもんよう》のある平安時代《へいあんじだい》の瓦《かわら》
写真：朝日新聞社

国際的《こくさいてき》にはパルメット文様《もんよう》という。風呂敷《ふろしき》などでよく見《み》られる、ツタ、葉《は》っぱや茎《くき》がからまったデザイン

ギリシャ
中央《ちゅうおう》アジア
西《にし》アジア
インド

3

飛鳥時代《あすかじだい》

ニンゲンファイル

新《あたら》しい時代《じだい》を目指《めざ》した改革者《かいかくしゃ》

大海人皇子《おおあまのおうじ》（天武天皇《てんむてんのう》）

古代日本《こだいにほん》で起《お》きた最大《さいだい》の内乱《ないらん》の勝利者《しょうりしゃ》

大海人皇子《おおあまのおうじ》は、大化《たいか》の改新《かいしん》の中心人物《ちゅうしんじんぶつ》だった中大兄皇子《なかのおおえのおうじ》（のちの天智天皇《てんじてんのう》）の弟《おとうと》です。有能《ゆうのう》な人物《じんぶつ》で、兄《あに》の改革政治《かいかくせいじ》を支《ささ》える存在《そんざい》でした。

まわりの人《ひと》は、天智天皇《てんじてんのう》のあとを継《つ》ぐのは、大海人皇子《おおあまのおうじ》だと思《おも》っていました。当時《とうじ》は、天皇《てんのう》の位《くらい》は天皇《てんのう》の子《こ》どもではなく、同《おな》じ母《はは》を持《も》つ弟《おとうと》が継《つ》ぐことが多《おお》かったのです。

しかし、天智天皇《てんじてんのう》は息子《むすこ》の大友皇子《おおとものおうじ》に天《てん》皇《のう》の位《くらい》を継《つ》がせたいと考《かんが》えていました。

それを知《し》った大海人皇子《おおあまのおうじ》はいったん身《み》を引《ひ》いて僧《そう》になりました。しかし、天智天皇《てんじてんのう》が亡《な》くなると、672年《ねん》、自分《じぶん》が天皇《てんのう》になることを決意《けつい》して、大友皇子《おおとものおうじ》に反乱《はんらん》を起《お》こします。これが古代日本《こだいにほん》で起《お》きた最大《さいだい》の内《ない》乱《らん》といわれる壬申《じんしん》の乱《らん》です。

反乱者《はんらんしゃ》にもかかわらず、大海人皇子《おおあまのおうじ》のもとには、味方《みかた》をしてくれる人《ひと》が、次々《つぎつぎ》と集《あつ》まりました。そして、およそ1カ月《げつ》、激《はげ》しい戦《たたか》いが続《つづ》きましたが、多《おお》くの有力者《ゆうりょくしゃ》を味《み》方《かた》につけた大海人皇子《おおあまのおうじ》の勝利《しょうり》に終《お》わりました。

大海人皇子《おおあまのおうじ》（？～686年《ねん》）

天智天皇《てんじてんのう》の弟《おとうと》で、672年《ねん》の壬申《じんしん》の乱《らん》で勝利《しょうり》して即位《そくい》（天武天皇《てんむてんのう》）。皇后《こうごう》は、兄《あに》・天智天皇《てんじてんのう》の娘《むすめ》の鸕野讃良皇女《うののさららのおうじょ》（のちの持統天皇《じとうてんのう》）

私《わたし》が
正統《せいとう》な
後継者《こうけいしゃ》だ！

大友皇子《おおとものおうじ》（648～672年《ねん》）
天智天皇《てんじてんのう》の長男《ちょうなん》。天智天皇《てんじてんのう》は後継者《こうけいしゃ》として期待《きたい》していたが、壬申《じんしん》の乱《らん》に敗《やぶ》れ25歳《さい》の若《わか》さで亡《な》くなった

壬申《じんしん》の乱《らん》に敗《やぶ》れた悲劇《ひげき》の皇子《おうじ》

大友皇子《おおとものおうじ》

兵力《へいりょく》を集《あつ》めきれず敗北《はいぼく》

大友皇子《おおとものおうじ》には、天智天皇《てんじてんのう》の正式《せいしき》な後継者《こうけいしゃ》として、朝廷《ちょうてい》の正規軍《せいきぐん》が従《したが》いました。最初《さいしょ》は優勢《ゆうせい》に戦《たたか》いを進《すす》めましたが、大海人皇子《おおあまのおうじ》のもとには、美濃《みの》（岐阜県《ぎふけん》）や飛鳥《あすか》(奈良県《ならけん》)などから多《おお》くの兵《へい》が味方《みかた》につきました。

一方《いっぽう》、大友皇子《おおとものおうじ》は地方《ちほう》の兵《へい》を集《あつ》めきれず、やがて形勢《けいせい》は逆転《ぎゃくてん》します。結局《けっきょく》、大敗北《だいはいぼく》した大友皇子《おおとものおうじ》は、自《みずか》ら命《いのち》を絶《た》ってしまいました。

ライバル大海人皇子《おおあまのおうじ》とは複雑《ふくざつ》な関係《かんけい》

大友皇子《おおとものおうじ》と大海人皇子《おおあまのおうじ》は、甥《おい》と叔父《おじ》の関係《かんけい》です。しかも、大友皇子《おおとものおうじ》の妻《つま》は大海人皇子《おおあまのおうじ》の娘《むすめ》で、大海人皇子《おおあまのおうじ》の妻《つま》には、大友皇子《おおとものおうじ》の母《はは》ちがいの姉《あね》たちがいるという、とても複雑《ふくざつ》で深《ふか》い関係《かんけい》にありました。

ちなみに、姉《あね》たちの中《なか》のひとりが、のちに持統天皇《じとうてんのう》となる鸕野讃良皇女《うののさららのおうじょ》です。

壬申《じんしん》の乱《らん》の様子《ようす》を表《あらわ》したジオラマ
両軍《りょうぐん》入《い》り乱《みだ》れての戦《たたか》い。槍《やり》や剣《けん》、弓矢《ゆみや》が主《おも》な武器《ぶき》で、馬《うま》に乗《の》っているのは身分《みぶん》の高《たか》い者《もの》
奈良文化財研究所蔵

律令国家《りつりょうこっか》の完成《かんせい》を目指《めざ》す

壬申《じんしん》の乱《らん》に勝《か》った大海人皇子《おおあまのおうじ》は、天皇《てんのう》の位《くらい》につきました。古代日本《こだいにほん》の名君《めいくん》のひとり、天武天皇《てんむてんのう》の誕生《たんじょう》です。

天武天皇《てんむてんのう》は、日本《にほん》を天皇中心《てんのうちゅうしん》とした律令国家《りつりょうこっか》にするために改革《かいかく》をどんどん進《すす》めていきました。律令国家《りつりょうこっか》とは、171ページで見《み》たように、法律《ほうりつ》をもとに政治《せいじ》を行《おこな》う国《くに》です。

しかし、法律《ほうりつ》のような決《き》まり事《ごと》をつくり、それを人々《ひとびと》に守《まも》らせるしくみをつくるのは大変《たいへん》なことです。天武天皇《てんむてんのう》が生《い》きているうちに、結局《けっきょく》、改革《かいかく》は完成《かんせい》しませんでした。

大海人皇子《おおあまのおうじ》は
反乱《はんらん》を起《お》こしたけど
人望《じんぼう》があったんだね

4

飛鳥時代《あすかじだい》 ウンチクこぼれ話《ばなし》

【そもそもどうして飛鳥時代《あすかじだい》？】

飛鳥時代《あすかじだい》とは、かつて「飛鳥《あすか》」と呼《よ》ばれた地域《ちいき》、つまり今《いま》の奈良県明日香村《ならけんあすかむら》のあたりに都《みやこ》があったことに由来《ゆらい》しています。

飛鳥《あすか》の地《ち》は、じつは飛鳥時代《あすかじだい》の大豪族《だいごうぞく》・蘇我氏《そがし》の勢力範囲《せいりょくはんい》でした。ライバルの物部氏《もののべし》を滅《ほろ》ぼして、並《なら》ぶ者《もの》がいない権力者《けんりょくしゃ》になった蘇我氏《そがし》が、敵《てき》に攻《せ》められにくい地形《ちけい》の飛鳥《あすか》に都《みやこ》を置《お》くよう天皇《てんのう》に進言《しんげん》したのでしょう。

現在《げんざい》の明日香村《あすかむら》
飛鳥時代《あすかじだい》の遺跡《いせき》が数多《かずおお》く残《のこ》っている
写真：ピクスタ

【100m超《ご》え！古代《こだい》の超高層建築《ちょうこうそうけんちく》！】

飛鳥時代《あすかじだい》の寺院《じいん》には有名《ゆうめい》な法隆寺《ほうりゅうじ》の五重塔《ごじゅうのとう》など、たくさんの高層建築《こうそうけんちく》がありました。なかでも、推古天皇《すいこてんのう》を継《つ》いだ舒明天皇《じょめいてんのう》がつくった百済大寺《くだらおおでら》には、五重塔《ごじゅうのとう》をはるかにしのぐ九重塔《くじゅうのとう》があったといいます。高《たか》さは100mほどで、現在《げんざい》でいえば25階建《かいだ》てのビルほどの高《たか》さがあったといいます。

昔《むかし》の日本《にほん》にもすごい技術《ぎじゅつ》があったんだ！

百済大寺《くだらおおでら》の跡地《あとち》と考《かんが》えられている奈良県桜井市《ならけんさくらいし》の遺跡《いせき》。矢印部分《やじるしぶぶん》に九重塔《くじゅうのとう》があったと考《かんが》えられている
写真：朝日新聞社

【飛鳥時代《あすかじだい》の異邦人《いほうじん》】

飛鳥時代《あすかじだい》には、朝鮮半島《ちょうせんはんとう》からやってきた渡来人《とらいじん》がたくさんいましたが、じつは朝鮮《ちょうせん》や中国《ちゅうごく》よりも、さらに遠《とお》くからやってきた人《ひと》がいたことがわかっています。

654年《ねん》に、宮崎《みやざき》にインド人《じん》の女性《じょせい》が、657年《ねん》には博多《はかた》にペルシャ人《じん》の男女《だんじょ》が漂着《ひょうちゃく》したのです。

日本《にほん》や中国《ちゅうごく》、朝鮮半島《ちょうせんはんとう》の人《ひと》とちがう、彫《ほ》りの深《ふか》い顔立《かおだ》ちの彼《かれ》らは、当時《とうじ》の日本人《にほんじん》にとっては珍《めずら》しい存在《そんざい》だったのでしょう。彼《かれ》らが朝廷《ちょうてい》の宴《うたげ》にゲストとして招待《しょうたい》されたという記録《きろく》が残《のこ》っています。

ペルシャ人男性《じんだんせい》とインド人女性《じんじょせい》はこののち結婚《けっこん》したんじゃ
ステキ……

【日本最古《にほんさいこ》のお金《かね》（貨幣《かへい》）誕生《たんじょう》！】

飛鳥《あすか》時代《じだい》の初《はじ》め頃《ごろ》までは、日本《にほん》にはお金《かね》はなく、米《こめ》や布《ぬの》、銀《ぎん》がお金代《かねが》わりでした。

しかし、米《こめ》や布《ぬの》、銀《ぎん》は、たくさん作《つく》ったり持《も》ち運《はこ》んだりが大変《たいへん》です。そこで、天武《てんむ》天皇《てんのう》の時代《じだい》に、中国《ちゅうごく》のお金《かね》を参考《さんこう》にして、簡単《かんたん》に作《つく》れて持《も》ち運《はこ》びも楽《らく》な銅銭《どうせん》を作《つく》ることにしました。これが、日本《にほん》で最《もっと》も古《ふる》いお金《かね》「富本銭《ふほんせん》」です。

しかし、富本銭《ふほんせん》は人々《ひとびと》から人気《にんき》がなかったのか、広《ひろ》く使《つか》われた様子《ようす》はありません。実際《じっさい》に多《おお》く使《つか》われたことが明《あき》らかな日本最《にほんさい》古《こ》のお金《かね》は、708（和銅《わどう》1）年《ねん》から作《つく》られた「和同開珎《わどうかいちん》」だといわれています。

富本銭《ふほんせん》

枝銭《えだぜに》
当時《とうじ》の銅銭《どうせん》は、溶《と》かした銅《どう》を、鋳型《いがた》に流《なが》して作《つく》った。鋳型《いがた》から出《だ》すと、何枚《なんまい》かのお金《かね》が枝《えだ》についたような形《かたち》（枝銭《えだぜに》）でできあがる。このあと、1枚《まい》1枚《まい》切《き》り離《はな》す

ともに奈良文化財研究所蔵

【飛鳥時代《あすかじだい》の水洗《すいせん》トイレ】

694年《ねん》、日本《にほん》に初《はじ》めて大都市《だいとし》が誕生《たんじょう》しました。持統天皇《じとうてんのう》によって日本《にほん》の都《みやこ》（首《しゅ》都《と》）としてつくられた藤原京《ふじわらきょう》です。

東西南北《とうざいなんぼく》とも約《やく》5㎞もあるこの大都市《だいとし》は、中国《ちゅうごく》の唐《とう》の都《みやこ》を参考《さんこう》につくられた最先端都《さいせんたんと》市《し》でした。都《みやこ》の中《なか》には、水洗《すいせん》トイレもありました。

といっても、細《ほそ》い溝《みぞ》をほって川《かわ》から水《みず》を引《ひ》き入《い》れ、その上《うえ》にまたがって用《よう》を足《た》すと、排《はい》せつ物《ぶつ》が流《なが》れていくという簡単《かんたん》なしくみでした。

溝《みぞ》から川《かわ》へそのまま流《なが》れていくんだね……

【飛鳥時代後半《あすかじだいこうはん》に花開《はなひら》いた白鳳文化《はくほうぶんか》】

飛鳥時代《あすかじだい》の後半《こうはん》に、飛鳥文化《あすかぶんか》の流《なが》れを受《う》け継《つ》ぎながらも、日本風《にほんふう》にアレンジした文《ぶん》化《か》が生《う》まれます。これを白鳳文化《はくほうぶんか》といいます。この文化《ぶんか》は、全盛期《ぜんせいき》の唐《とう》（中国《ちゅうごく》）の影《えい》響《きょう》も大《おお》きく受《う》けて発展《はってん》しました。

キトラ古墳《こふん》の壁画《へきが》（玄武図《げんぶず》）
白鳳文化《はくほうぶんか》を代表《だいひょう》するものに、薬師寺《やくしじ》の東塔《とうとう》や薬師三尊像《やくしさんぞんぞう》、法隆寺金《ほうりゅうじこん》堂壁画《どうへきが》、高松塚古墳《たかまつづかこふん》やキトラ古《こ》墳《ふん》の壁画《へきが》などがある

写真：朝日新聞社

飛鳥時代《あすかじだい》の話《はなし》は
これでおしまい！
別《べつ》の時代《じだい》で、
また会《あ》おうね！

古墳《こふん》時代《じだい》後半《こうはん》～飛鳥《あすか》時代《じだい》年表《ねんぴょう》

時代	年	できごと
古墳《こふん》時代《じだい》	538年《ねん》	百済《くだら》（朝鮮《ちょうせん》）から日本《にほん》に仏教《ぶっきょう》が伝《つた》わる（552年《ねん》説《せつ》もあり）
	574年《ねん》	厩戸皇子《うまやとのおうじ》（聖徳太子《しょうとくたいし》）が生《う》まれる
古墳《こふん》時代《じだい》）	592年《ねん》	蘇我馬子《そがのうまこ》が手下《てした》を使《つか》い崇峻天皇《すしゅんてんのう》を暗殺《あんさつ》 初《はつ》の女性天皇《じょせいてんのう》・推古天皇《すいこてんのう》が即位《そくい》
	593年《ねん》	推古天皇《すいこてんのう》が厩戸皇子《うまやとのおうじ》を摂政《せっしょう》とする
	600年《ねん》	隋《ずい》（中国《ちゅうごく》）に使《つか》いを送《おく》るが、国交《こっこう》は結《むす》べず（第《だい》1回遣隋使《かいけんずいし》）
	603年《ねん》	「冠位十二階《かんいじゅうにかい》」を制定《せいてい》
	604年《ねん》	「十七条《じゅうしちじょう》の憲法《けんぽう》」を制定《せいてい》
	607年《ねん》	厩戸皇子《うまやとのおうじ》が小野妹子《おののいもこ》らを遣隋使《けんずいし》として派遣《はけん》（第《だい》2回遣隋使《かいけんずいし》）

飛鳥時代《あすかじだい》

608年《ねん》	小野妹子《おののいもこ》が隋《ずい》の使者《ししゃ》・裴世清《はいせいせい》らとともに帰国《きこく》 小野妹子《おののいもこ》が裴世清《はいせいせい》を送《おく》るため、再《ふた》び隋《ずい》に渡《わた》る。留学生《りゅうがくせい》（僧《そう》）らも同行《どうこう》（第《だい》3回遣隋使《かいけんずいし》）
622年《ねん》	厩戸皇子《うまやとのおうじ》が亡《な》くなる
626年《ねん》	蘇我馬子《そがのうまこ》が亡《な》くなる
628年《ねん》	推古天皇《すいこてんのう》が亡《な》くなる
643年《ねん》	厩戸皇子《うまやとのおうじ》の子《こ》・山背大兄王《やましろのおおえのおう》が蘇我入鹿《そがのいるか》に攻《せ》められ、自殺《じさつ》する
645年《ねん》	中大兄皇子《なかのおおえのおうじ》（のちの天智天皇《てんじてんのう》）らが蘇我入鹿《そがのいるか》を暗殺《あんさつ》。蘇我蝦夷《そがのえみし》が自殺《じさつ》（乙巳《いっし》の変《へん》＝大化《たいか》の改新《かいしん》のはじまり）
663年《ねん》	日本《にほん》・百済《くだら》連合軍《れんごうぐん》が唐《とう》（中国《ちゅうごく》）・新羅《しらぎ》（朝鮮《ちょうせん》）連合軍《れんごうぐん》と戦《たたか》い、大敗《たいはい》（白村江《はくそんこう》の戦《たたか》い）
701年《ねん》	「大宝律令《たいほうりつりょう》」完成《かんせい》

監修　河合敦
編集デスク　大宮耕一、橋田真琴
編集スタッフ　泉ひろえ、河西久実、庄野勢津子、十枝慶二、中原崇
シナリオ　河西久実
作画協力　掛田典恵、並木美樹
マンガ着彩協力　永奥秀太、せまうさ、Techno Deco Co.,Ltd.
コラムイラスト　相馬哲也、中藤美里、横山みゆき、中尾雄吉、イセケヌ
コラム図版　平凡社地図出版

参考文献　『早わかり日本史』河合敦著 日本実業出版社／『現代語訳 日本書紀』福永武彦訳／『遣隋使・遣唐使と住吉津 住吉大社編』東方出版／『遣唐使の見た中国』古瀬奈津子著 吉川弘文館／『遣隋使がみた風景ー東アジアからの新視点ー』氣賀澤保規編 八木書店／『遣唐使』東野治之著 岩波新書／『中国の歴史 4 隋・唐帝国と長安の繁栄』春日井明監修 集英社／『中国の歴史 5 大運河の建設』陳舜臣・手塚治虫監修 中央公論社／『飛鳥 むかしむかし 国づくり編』奈良文化財研究所編 早川和子絵 朝日選書／『飛鳥 むかしむかし 飛鳥誕生編』奈良文化財研究所 早川和子絵 朝日選書／「週刊マンガ日本史 改訂版」1～4、8、9号 朝日新聞出版／「週刊かがくるアドベンチャー」47号 朝日新聞出版

※本シリーズのマンガは、史実をもとに脚色を加えて構成しています。

飛鳥《あすか》時代《じだい》へタイムワープ

2018年3月30日　第1刷発行
2022年10月30日　第8刷発行

著　者　マンガ：細雪純／ストーリー：チーム・ガリレオ
発行者　片桐圭子
発行所　朝日新聞出版
〒104-8011
東京都中央区築地5-3-2
編集　生活・文化編集部
電話　03-5540-7015（編集）
03-5540-7793（販売）

印刷所　株式会社リーブルテック

ISBN978-4-02-331663-8
本書は2016年刊『飛鳥時代のサバイバル』を増補改訂し、改題したものです

落丁・乱丁の場合は弊社業務部（03-5540-7800）へ
ご連絡ください。送料弊社負担にてお取り替えいたします。

本《ほん》の感想《かんそう》や知《し》ったことを書《か》いておこう。